만약 고교야구 여자 매니저가
피터 드러커를 읽는다면

이노베이션과 기업가정신 편

MOSHI KOKO YAKYU NO JOSHI MANAGER GA
DRUCKER NO INNOVATION TO KIGYOKA SEISHIN WO YONDARA
by Natsumi Iwasaki
Copyright ⓒ 2015 Natsumi Iwasaki

Korean translation copyright ⓒ 2016 by The Dong-A Ilbo
All rights reserved.
Original Japanese language edition published by Diamond, Inc.
Korean translation rights arranged with Diamond, Inc.
through YU RI JANG AGENCY.

이 책의 한국어판 저작권은 유·리·장 에이전시를 통한 저작권자와의 독점 계약으로 동아일보사에 있습니다.
저작권법에 의해 한국 내에서 보호를 받는 저작물이므로 무단 전재와 무단 복제를 금합니다.

이노베이션과
기업가정신 편

만약 고교야구 여자 매니저가
피터 드러커를 읽는다면

이와사키 나쓰미 지음 · **김윤경** 옮김

동아일보사

차례

프롤로그 7

제1부

제1장	유메, 《모시도라》를 읽다	15
제2장	유메, 《이노베이션과 기업가정신》을 읽다	47
제3장	유메, 야구부 민영화에 착수하다	80
제4장	유메, 야구부 인사 업무에 착수하다	112
제5장	유메, 작게 시작하다	148

제2부

제6장	유메, 밖으로 나가 보고 묻고 듣다	185
제7장	유메, 예상치 못한 일을 만나다	216
제8장	유메, 이노베이션의 기회에 집중하다	247
제9장	유메, '있을 곳'이란 무엇인지를 생각하다	275

에필로그 309

후기 312

주요 등장인물

오카노 유메 아사가와 고등학교 야구부 매니저
고다마 마미 유메의 친구. 야구부 매니저
가키타니 요코 야구부 매니저. 기획 담당
간다 사쓰키 야구부 매니저. 실무 담당
기우치 도모아키 야구부 매니저. 전략 담당
마쓰바 가에데 야구부 매니저. 그라운드 정비 담당
이치조 하야토 야구부 투수
마키 요타로 야구부 투수
호조 아야노 전 호도쿠보 고등학교 야구부 매니저
니카이 마사요시 전 호도쿠보 고등학교 야구부 주장

프롤로그

유메에게는 꿈이 없었다. 목표도 없었다. 뚜렷하게 하는 일 없이 그저 하루하루를 멍하니 보낼 뿐이었다. 하지만 딱 하나 좋아하는 것이 있었다. 바로 친구였다. 유메에게는 친구가 한 명 있었고, 그 친구를 무척이나 좋아했다. 오직 그 친구를 보기 위해 학교에 갈 정도였다. 다른 이유는 없었다.

중학교 때 알게 된 친구였다. 육상부 장거리 선수였던 친구는 항상 교정을 달렸다. 유메는 친구가 달리는 모습을 자주 교실 창밖으로 바라보고는 했다. 때로 날이 저물 무렵 친구의 모습이 노을 속에 실루엣으로 떠올랐다가 마침내 땅거미에 녹아들 때까지 계속해서 바라본 적도 있었다. 유메는 친구가 달리는 모습을 보는 것이 좋았다. 아무리 보아도 질리지 않았다. 그래서 친구가 육상부를 그만두었을 때는 꽤 충격이 컸다. 너무 아쉬운 마음에 친구가 어서 육상부에 복귀하기만을 간절히 바랐다. 하지만 친구는 두 번 다시 육상부로 돌아오지 않았다. 유메는 이제 학교를 마치면 그전까지 친구가 달리던 교정을 가로질러 재빨리 집으로 돌아갔다.

어느 날, 여느 때처럼 넋 놓고 교정을 바라보던 유메는 그 친구가 집으로 가고 있는 것을 보았다. 그 순간 갑자기 무언가 결심이라도 한 듯 교실을 박차고 뛰어나갔다. 유메는 운동을 한 적이 거의 없었다. 그래서 달리기가 무척 느렸다. 그래도 있는 힘껏 달려가 교문을 막 나서고 있는 친구를 따라잡았다. 그리고 말을 걸었다.

"저, 잠깐만."

"어?"

"저기, 왜 육상부를 그만뒀어?"

그날 이렇게 말을 건 일을 계기로 유메는 그녀와 친구가 되었다.

친구의 이름은 마미다. 같은 학년이었지만 한 반이 된 적은 한 번도 없다. 그래서 그저 얼굴 정도만 알고 있을 뿐 서로 이야기를 나눠본 적도 없었다.

하지만 두 사람은 금세 친해졌다. 친해졌다기보다 유메가 마미를 무척 좋아했다. 마미를 좋아하게 된 데는 몇 가지 이유가 있었다.

처음부터 유메는 마미가 달리는 모습이 좋았다. 마미는 키가 그리 큰 편이 아닌데도 팔다리가 길쭉하니 몸매가 늘씬했다. 유메는 마미를 보면 아기 사슴이 떠올랐다. 호리호리한 몸매로 교정을 달리는 모습이 마치 초원을 달리는 아기 사슴 같았다.

게다가 마미는 머리도 좋았다. 공부를 잘하는 것은 물론이고 재미있는 이야기나 정보도 많이 알아서 유메에게 여러 가지를 가르쳐주었다.

육상부를 그만둔 이유도 말해주었다. 마미는 육상부의 감정적인 분위기에 좀처럼 적응하기가 어려워서 그만뒀다고 했다. 지도자가 기분 내키는 대로 모든 것을 좌지우지하는 운영 체계가 마음에 들지 않았다고 한다.

"난 말이야, 옳은 일이 아니면 싫어. 규율에 맞게 공평하고 일관성 있는 방식으로 접근하고 싶어."

유메는 사실 이때 마미가 무얼 말하고 있는지 잘 이해할 수 없었다. 그저 그 말을 할 때 마미의 표정이 무척이나 예뻐 보였고, 그래서 더욱 마미에게 끌렸다.

마미는 이목구비가 반듯하고 얼굴선이 또렷했다. 유메는

두루뭉술하게 생긴 자신의 얼굴이 마음에 들지 않았기에 마미의 외모가 부러웠다. 이 또한 마미를 좋아하는 이유 가운데 하나였다.

무엇보다 가장 큰 이유는 마미가 자신에게 '있을 곳'을 마련해주어서다. 여태껏 꿈도 목표도 없이, 그저 멍하니 지내던 일상에 활기와 즐거움을 주었다. 게다가 학교에 갈 동기까지 부여해주었다. 지금까지 유메는 툭하면 학교에 가지 않았다. 등교 거부라고 말해도 좋을 정도였다.

그러던 유메가 마미와 친구가 되고부터는 매일같이 등교했다. 학교에서 마미를 만나 함께 시간을 보냈다. 마미의 이야기를 듣거나 마미가 가르쳐준 놀이를 함께 하기도 했다. 수업은 여전히 재미없었지만 마미와 함께하는 것만으로도 학교에 나가는 의미가 충분했다.

그러는 동안 이윽고 중학교 졸업일이 다가오자 유메에게는 불안감이 덮쳐왔다. 서로 다른 고등학교로 가게 되면 이제 만나지 못할 수도 있다는 데 생각이 미쳤던 것이다.

성적이 뛰어난 마미는 좋은 고등학교에 갈 게 틀림없다. 하지만 안타깝게도 유메는 좋은 고등학교에 갈 만한 성적이 되지 않는다. 각자 다른 학교로 진학해 헤어지게 될 것이 분명했다.

그때 마미가 생각지도 못했던 말을 꺼냈다. 유메도 갈 수 있을 만큼 학력 편차치가 낮은 사립 고등학교로 진학하겠다는 것이 아닌가. 주위 사람들은 모두 의아해했다. 편차치가 더 높은 도립 고등학교에 갈 수 있는데도 뜻밖의 결정을 한 데 대해 반대하는 사람도 적지 않았다. 마미라면 이 부근에서는 편차치가 가장 높은 도쿄 도립 호도쿠보 고등학교에도 얼마든지 진학할 수 있었기 때문이다.

하지만 마미는 막무가내로 자기 의견을 고집했다. 그렇게 일찌감치 자신이 입학할 학교를 결정해버리고 말았다.

유메 역시 마미의 결정이 의아했다. 마미가 왜 그 학교에 가려는 것인지 도무지 속내를 알 수 없었다.

처음에는 자신에게 마음을 써주는 거라고 생각했다. 어쩌면 자기와 함께 학교에 다니고 싶어서 그 학교에 가겠다고 한 게 아닐까 하는 생각이 들었다.

하지만 그 생각은 금세 지워버렸다. 마미에게는 사사로운 감정에 이끌리지 않고 자신이 마음먹은 대로 일을 똑 부러지게 결정하는 구석이 있다. 결코 친구와 함께 다니고 싶다는 이유로 고등학교를 선택할 리 없었다.

분명히 뭔가 다른 이유가 있을 터였다. 하지만 유메는 그 이유를 물어보지 못했다. 물어봤다가 행여 그 때문에 둘의 관계가 미묘하게 어긋날까 봐 겁이 났다. 괜히 어쭙잖게 물었다가 오히려 그걸 계기로 마미가 마음을 바꾸기라도 하면 그야말로 곤란한 일 아닌가. 그래서 그냥 모르는 체하고 있었다.

결국 유메는 고등학생이 되어서도 예전처럼 마미와 함께 지낼 수 있게 되었다. 유메도 마미와 같은 사립 아사가와 고등학교에 입학했던 것이다.

이렇게 유메는 4월에 아사가와 고교에 진학해 또다시 마미와 함께 고교 생활을 시작했다. 입학하고 나서 얼마간은 중학교 생활의 연장선인 듯 그다지 달라진 것도 없었고, 꿈도 목표도 없는 나날이 계속되었다.

하지만 그런 일상은 바로 무너졌다. 계기는 한 권의 책이었다.

어느 날, 유메는 한 권의 책을 만나게 된다.

제 1 부

모시도라 もしドラ

'만약'이란 뜻의 일본어 모시(もし)와 드러커의 일본식 발음 중 첫 두 글자 도라(ドラ)를 합쳐 만든 조어.
《만약 고교야구 여자 매니저가 피터 드러커를 읽는다면: 매니지먼트 편》을 가리킨다.

제1장

유메,
《모시도라》를 읽다

I

오카노 유메는 사립 아사가와 고등학교 1학년이었다.

아사가와 고교는 도쿄 서쪽의 간토 평야가 끝나고 다마 구릉지가 시작되는, 약간 높은 언덕이 이어지는 지역에 자리잡고 있다. 그렇다고 아사가와 고교가 언덕배기에 있는 것은 아니다. 다마 강과 그 지류인 아사 강 사이의 표고가 낮은 곳에 있었다. 지형 탓에 바람이 심하게 불었다. 매년 가을이 깊어질 무렵이면 강을 가르는 강한 바람에 몸이 날아갈 것만 같았다. 반면에 봄은 무척 상쾌했다. 아사 강 옆 둑길에는 벚나무가 줄지어 있어, 봄바람이 벚꽃 잎을 떨구면 교정은 마치 꽃눈이 쏟아져 내리듯 장관을 이루었다. 아사가와 고교에서 볼 수 있는 봄날의 멋진 경치였다.

벚꽃이 한 차례 지나간 4월 중순의 어느 토요일 오후, 유메는 교실 창문을 통해 교정을 멍하니 바라보고 있었다. 이 무렵에도 유메는 교실 창밖으로 교정을 바라보는 것이 좋았다.

1층에 있는 유메의 교실 창문으로는 눈앞에 있는 화단이 잘 보였다. 마거리트와 제라늄, 가자니아 등 봄꽃이 흐드러지게 피어 있어서, 입학하고부터 줄곧 유메는 교실 창밖으로 꽃을 바라보는 시간이 정말 좋았다.

이날 교정을 달리는 육상부원의 모습은 없었다. 교문으로 이어지는 길목에 집으로 돌아가는 학생들이 이따금 보일 뿐, 곧 정적이 이어졌다. 수업은 오전에 끝났지만 유메는 봄꽃이 만개한 화단과 고즈넉한 교정의 정취가 어우러져 자아내는 깨나른한 광경에 홀려 하염없이 창밖만 바라보았다.

실은 이날, 친구와 함께 놀려고 했다. 하지만 친구에게 급한 일이 생겨서 조금 전 약속이 깨졌다. 갑자기 할 일이 없어진 유메는 한가한 시간을 주체 못하고 있었다.

그때 유메는 화단 너머로, 교정에 세워져 있는 트럭 바로 앞쪽에 뭔가 반짝반짝 빛나는 물체가 떨어져 있는 것을 발견했다. 그게 무언지는 바로 알아볼 수 없었다. 1층 창문에서 바라보는 것이니만큼 각도가 얕아서 땅 표면이 잘 보이지 않았기 때문이다.

유메는 가방을 집어 들고 교실을 나섰다. 집으로 돌아가는 길에 그 반짝이는 물체가 무엇인지 확인하고 싶었다. 건물 현관에서 신발을 갈아 신고는 교정으로 향했다. 그리고 반짝반짝 빛나는 물체가 떨어져 있는 곳으로 다가갔다. 그러자 겨우 그 정체를 알 수 있었다. 책이었다. 반들반들한 소재로 된 책표지가 햇빛에 반사되어 반짝였던 것이다.

유메는 책을 주워들고는 제목으로 눈길을 돌렸다.

《만약 고교야구 여자 매니저가 피터 드러커를 읽는다면: 매니지먼트 편》.

'제목이 꽤 길군' 하고 생각한 동시에 '라이트노벨인가?' 싶어 고개를 갸우뚱했다.

표지에는 애니메이션 기법으로 여고생 일러스트가 그려져 있었다. 라이트노벨에서 흔히 볼 수 있는 표지였다.

표지 그림을 보고 유메는 어딘가 모르게 익숙한 느낌이 들었다. 고개를 들어 주위를 둘러보았지만 아무도 없었다. 유메는 다시 한 번 책을 쳐다보며 잠시 생각에 잠겼다. 그러고는 마침내 책을 가방에 넣고 그대로 집으로 돌아갔다.

닷새 후 마지막 홈룸(HR) 시간이 끝난 뒤 유메는 집으로 돌아갈 준비를 하고 있었다. 그때 여학생 한 명이 앞으로 다가와 섰다. 고개를 들어 올려다보니 고다마 마미였다. 중학 시절부터 유메의 단짝 친구다.

　마미는 다짜고짜 물었다.
"읽었니?"
　순간 유메는 '그럼 그렇지!' 하는 표정을 지으면서 대답했다.
"역시 마미였구나."
"알고 있었어?"
"그런 일 할 사람이 너밖에 더 있겠니! 근데 다른 사람이 주웠으면 어쩔 셈이었어?"
"그땐 또 그때 가서 고민하지 뭐. 하지만 유메는 언제나 교정을 바라보고 있으니까 당연히 알아차릴 거라고 생각했지."
"내가 항상 교정을 보고 있었나?"
"그럼. 언제나 보고 있지. 마치 뭔가를 찾는 것처럼."
"그랬단 말이지……. 그럴지도 몰라."
"그래서, 그 책 어땠어?"
"응. 재밌긴 한데, 대체 이게 뭐야?"
　유메는 가방에서 책을 꺼냈다.
　책을 받아들며 마미가 말을 이었다.
"뭔지 몰라? 《모시도라》잖아!"

"《모시도라》?"

"몰라?《만약 고교야구 여자 매니저가 피터 드러커를 읽는다면》1편. 다른 말로《모시도라》야. 몇 년 전에 베스트셀러로 한창 떴는데."

"그랬어? 전혀 몰랐네."

조금도 기죽지 않고 말하는 유메의 모습에 마미는 어이가 없어서 '유메답군!' 하고 생각하며 한숨을 쉬었다. 그러고 나서 마음을 가다듬고 이렇게 말했다.

"실은 얼마 전에 그 책의 저자와 알게 되었거든."

"뭐? 이 책 저자?" 유메는 표지에 나온 이름을 살피고는 되물었다. "이와사키 나쓰미?"

"응. 하지만 그 이름은 필명이고 본명은 호조 아야노야."

"호조 아야노?"

"응, 호조 아야노 몰라?"

"몰……." 입을 열다 말고 유메는 번뜩 알아차렸다.

"아, 이 소설 속에 나오는 사람?"

《모시도라》의 등장인물 중 한 사람이었다. 하지만 마미는 고개를 가로저었다.

"그 말도 맞긴 하지만 그보다, 왜 있잖아! 새로 부임한 그 선생님!"

"뭐? 앗! 그, 입학식에서 주뼛거리며 인사하던 선생님?"

"맞아. 그 선생님이 고교 시절 체험을 토대로 쓴 책이 바로 이거야."

"헉? 그 선생님이 호도쿠보 고교 출신이구나."

"응. 졸업하고 나서는 무려 도쿄대에 들어가셨지."

"그런 선생님이 왜 우리 학교에 오신 거야?"

"그야 뭐 여러 가지 이유가 있겠지만, 어쨌든 나도 그 사실을 알고 나서 이 책을 읽어봤어. 그랬더니 무척 재미있더라고!"

"맞아. 마지막에 고시엔 대회(매년 고시엔 구장에서 열리는 일본 전국 고등학교 야구 선수권 대회-옮긴이)에 출전하는 장면에서 감동받았어!"

"그것도 그렇지만 말이야, 나는 피터 드러커라는 사람에게 관심이 생겼어. 조사해봤더니 이 책의 토대가 된 《매니지먼트》라는 책이 40년도 더 전에 쓰여졌더라고. 그런데도 지금 나한테 꼭 들어맞는 내용이라고나 할까. 아니 과장해서 말하는 게 아니라, 이건 어쩌면 '날 위해 쓴 게 아닐까!' 하는 생각이 들 정도였다니까. 너무 신기했어."

"음, 난 거기까지는 생각 못했는데."

고개를 갸웃하는 유메를 바라보며 마미는 계속해서 말을 이었다.

"흥미가 생겨서 이 책의 저자인 이와사키 나쓰미, 아니 호조 아야노 선생님에게 많은 걸 여쭤봤어."

"아, 그랬구나."

"내가《매니지먼트》를 읽고 마치 날 위해 쓴 게 아닐까 하는 생각이 들었다고 했더니, 아야노 선생님이 그건 아주 당연한 일이라고 말씀해주셨어. 선생님도《매니지먼트》를 읽었을 때 똑같이 느꼈다고 하시면서 말이야. 게다가 아야노 선생님 주변에도 그렇게 느낀 사람이 많다고 하셨어."

"그래?"

"그래서 사람들이 왜 그렇게 느끼는지 알아보셨대. 그랬더니 피터 드러커가 이 책을 쓴 의도 중에 그 실마리가 들어 있었대."

"흠……."

"피터 드러커는 지금부터 40년도 더 전에 앞으로는 경쟁 사회가 도래한다고 예견했어. 정보화사회가 발달하면 지식층이 확대되고, 그러면 경쟁에 참가하는 사람이 늘어나니까 경쟁이 더 치열해질 수밖에 없다는 거지."

"경쟁에 참가하는 사람이 늘어난다고?"

"예를 들자면 말이야. 인터넷이 생기기 전에는 물건을 사려면 가까운 가게에 갈 수밖에 없었잖아? 그래서 그 가게는 근처에 사는 주민을 고객으로 독점할 수 있었어. 즉, 경쟁 상대가 적었던 거지. 하지만 지금은 인터넷이 발달해서 고객이 인터넷으로 가게를 검색하지. 결국 다른 가게와 비교되다 보니 경쟁 상대가 늘어날 수밖에 없는 거야."

"확실히 맞는 말이네. 나도 물건을 살 때는 반드시 인터넷으로 알아보거든."

"그렇지? 검색해보면 여러 군데가 나오잖아. 그때 넌 어떤 곳에서 사?"

"그야 물론 가장 싼 곳이지."

"맞아. 그래서 우리같이 물건을 사는 입장에서는 득을 보지만 파는 사람들은 엄청난 경쟁에 말려드는 거야. 결국은 가장 싼 가게밖에 팔지 못하니까 가격을 내리지 않을 수 없는 거지."

"그렇군! 그래서 경쟁에 참가하는 사람이 늘어난다고 한 거구나."

"피터 드러커는 그런 식으로 경쟁이 점점 치열해지는 경쟁 사회가 도래할 거라는 사실을 예견하고 《매니지먼트》를 썼다고 해. 그런 경쟁 사회야말로 매니지먼트가 반드시 필요하기 때문이라는 거지."

"그래? 하지만 왜 경쟁이 치열해지면 매니지먼트가 필요한 건데?"

"나도 그게 알고 싶어서 아야노 선생님에게 여쭤봤어. 그랬더니 선생님이 이렇게 말씀해주셨지. 그런 식으로 경쟁이

치열해지면 이기는 사람은 단 한 명이고, 나머지는 모두 지는 거잖아. 그렇게 되면 대다수 사람이 경쟁에 져서 일이 없어질 테고, 사람들이 일을 할 수 없으면 사회가 불안정해지니까 그건 바람직하지 않은 현상이라고. 드러커는 그렇게 생각한 거라고 하셨어."

"그렇겠구나. 요즘 일자리가 부족해서 문제라고 언니가 불평하는 걸 들은 적이 있어. 우리 언니, 지금 취업 준비에 한창이거든."

"그래서 사람들이 살아가게 하기 위해서는 일자리를 늘릴 필요가 있는데, 그거야말로 매니지먼트의 가장 중요한 역할 중 하나라고 하더라고."

"일자리를 늘리는 것이 매니지먼트라고? 뭔가 바뀐 거 같은데? 줄이는 것이 매니지먼트 아냐?"

"그건 필요 없는 일인 경우지. 매니지먼트는 필요 없는 일을 줄이기도 하지만, 반대로 필요한 일을 늘리기도 해. 그렇게 해서 모두가 자신이 '있을 곳'을 만들어가는 거지."

"있을 곳?"

"《모시도라》에서도 나왔지만, 주인공은 야구부원 모두에게 다양한 역할을 맡기잖아. 가령 아이디어가 많은 선수에게 주장을 맡기고, 발이 빠른 선수는 대주자로 내보내고 말이지. 그런 식으로 '중요한 일'을 늘림으로써 부원 한 사람 한 사람이 활약할 수 있는 '자리'를 만들었던 거야. 그러자 야구부라는 조직과 그 안에 소속되어 있는 부원들이 점차 활기를 되찾았어."

"맞아. 모두 자신을 필요로 하는 자리를 찾았기 때문에 활약하게 된 거지."

"바로 그렇게 사람들에게 절로 의욕이 솟는 '역할'을 찾아주고 '있을 곳'을 마련해주는 것이 바로 매니지먼트인 거야. 그래서 드러커는 경쟁 사회에서 설 자리를 잃어버린 사람들을 위해서 매니지먼트에 관한 지식을 알려주려고 이 책을 쓴 거라고 해. 한 명이라도 더 많은 사람들에게 활약할 수 있는 자리를 만들어주기 위해서 말이지."

유메는 마미가 말한 '있을 곳'이라는 단어에 강하게 끌렸다. 그 말이 마음속에 반짝 불을 켜기라도 한 것처럼 왠지 따뜻한 느낌이 들었다.

유메는 혼자서 생각에 잠겼.

'마미가 내게 있을 곳을 만들어주었어. 마미 덕분에 학교에 다닐 수 있었고 이렇게 고등학교에도 진학할 수 있었던 거야.'

생각은 계속해서 꼬리를 물었다.

'그렇다면 마미는 내게 매니저 아닐까? 내가 있을 곳을 만들어주었으니까.'

마치 유메의 생각을 알아차리기라도 한 듯 마미가 불쑥 말을 꺼냈다.

"그래서 말인데, 나도 매니저가 될 거야."

유메는 놀랐다. "응? 매니저라니, 무슨 매니저?"

"당연히 야구부 매니저지."

그 말을 듣고 유메는 정말 놀랐다. 그래서 자신도 모르게 소리쳤다.

"우리 학교에는 야구부가 없잖아!"

2

그러자 마미는 씩 하고 미소를 지었다.

"그게 말이야, 실은 있어."

"뭐라고?"

"우리 학교에 '환상의 야구부'가 있다니까."

아사가와 고교는 사립 남녀공학으로 전교생 수는 800명이 채 안 되었다. 약 50년 전 개교할 당시는 고도 경제 성장기의 절정을 누리던 때로, 다마 지구가 뉴타운으로 정비되어 많은 사람이 이주해 왔다.

개교 초에는 학교 시책으로 스포츠를 활성화했다. 스포츠를 내세워 많은 학생이 지망하도록 학교를 홍보했다. 특히 인기 있는 야구부에는 지원을 아끼지 않았다. 타교에서 이름난 지도자를 초빙하고 학생들에게 주는 장학금 제도도 일찌감치 도입했다.

이런 노력에 힘입어 개교 5년째에는 그렇게 바라 마지않던 고시엔 대회에 처음으로 출전하는 성과를 거두었다. 그 후에도 봄에 한 번, 여름에 한 번, 이렇게 총 세 번 고시엔 대회에 출전했다.

그런데 그 뒤로는 전혀 성적을 올리지 못했다. 마침 이 무렵, 도쿄 도내에 고교 수가 늘어나면서 전반적으로 야구 수준도 높아졌다. 연달아 강호 고교가 생겨나 8강에 들기도 힘들어졌다. 도쿄 대표로 출전한 학교가 고시엔 대회에서 우승하게 된 것은 이 무렵의 일이다.

야구부는 어느 사이엔가 아사가와 고교에서 짐짝 같은 존재가 되고 말았다. 다른 부에 비해 대우받고 있으면서도 그에 걸맞은 결과를 내지 못했다. 자연히 야구부와 감독에 대한 비난이 거세졌다. 스트레스가 쌓인 탓인지 결국은 감독이 불상사를 일으켰다. 지도라는 명목 아래 부원에게 폭력을 휘둘러 고소를 당한 것이다.

이때는 야구부 자체도 어수선한 상태여서 부원들도 연이

어 문제를 일으켰다. 교칙 위반은 물론, 범죄를 저지르다 체포된 학생까지 나왔다. 그래서 감독이 기소된 후 고교야구연맹에서는 아사가와 고교에 1년 동안 대외 시합에 참가하지 못한다는 출전 금지 명령을 내렸다.

그 사건을 계기로 학교는 야구부 활동을 중지시켰다. 들어가는 경비는 불어나는데도 고시엔 대회에 출전하기는커녕 문제만 일으키는 골칫거리 운동부를 존속시킬 합리적인 이유를 찾지 못했기 때문이다. 완전히 해체하지 않은 것은 단지 일을 복잡하게 만들고 싶지 않아서였다.

그렇게 해서 야구부는 차츰 사라졌다. 그게 1990년대 초의 일이었다. 이후 활동이 중지된 상태로 25년이 넘는 세월이 흘렀다. 유메가 태어나기도 전부터 야구부는 이미 활동을 쉬고 있었던 셈이다. 그러니 유메가 야구부의 존재를 모르는 것도 무리는 아니었다.

그런 유메에게 마미가 말했다.

"너 몰라? 있잖아 왜, 저 모노레일을 타고 다마 뉴타운이 있는 다마센터 역으로 가다 보면 산 경사면에 커다랗게 '아사가와 학원'이라고 쓴 낡은 간판이 보이잖아."

"응, 알아. 메이세이 대학 앞쪽 말이지?"

"실은 그곳이 야구부 그라운드야."

"아, 그래?"

"응. 거기도 학교 소유지거든. 예전에는 부원들이 그곳까지 걸어서 다녔다고 해."

"걷기엔 꽤 멀 텐데. 게다가 산 위고 말이야."

"맞아. 그래서 '지옥의 등산'이라고 불렸다나 봐. 그게 싫어서 땡땡이친 부원도 많았대."

"그래?"

"지금은 모노레일이 운행되고 있어서 편하게 갈 수 있어. 다만 도리어 야구부가 없어져서 아무도 가지 않지만 말이야."

"넌 어떻게 그런 걸 다 알아?"

"그건 말이지, 어떤 사람이 말해줬거든."

"어떤 사람? 그게 누군데?"

"누구냐 하면……." 말하다 말고 마미는 뭔가 떠오른 듯한 표정을 짓더니 이렇게 말했다.

"자, 그럼 지금 그 사람을 만나러 가볼까?"

그러고는 후닥닥 교실을 나섰다. 유메도 황급히 마미의 뒤를 쫓아 나갔다.

아사가와 고교에서 걸어서 5분 정도 거리에 '아사가와 학원 앞'이라는 모노레일 역이 있다. 그 역에서 모노레일을 타고 남쪽으로 가면 구릉이 이어진 지대로 쭉 들어간다. 언덕

골짜기를 빠져나가듯이 올라가면 7분 만에 그라운드 역에 도착한다. 역에서 그라운드까지는 3분 정도 거리다. 두 사람이 약 15분 만에 그라운드에 도착하자 입구의 금속제 문 앞에 남학생이 한 명 서 있는 게 보였다.

"매니저, 여기예요!"

마미가 그 남학생을 부르며 손을 흔들었다. 그러자 남학생은 수줍게 웃으며 말했다.

"그렇게 부르지 마. 왠지 쑥스럽잖아."

"매니저 맞잖아요."

"아니, 그냥 이름으로 불러줘."

"그럼 도가시 선배라고 부를까?"

"고헤이라고 해. 모두 그렇게 이름을 부르거든."

"알겠습니다요. 고헤이 선배님! 이쪽은 중학교 때부터 친구, 오카노 유메예요."

"안, 안녕하세요?"

유메는 멋쩍게 인사했다. 원래 낯을 가리는 편이라 처음 보는 사람을 만나면 어딘지 모르게 어색했다.

"유메, 이쪽은 야구부 매니저인 도가시 고헤이 선배야."

"고헤이야. 잘 부탁해."

유메는 놀란 얼굴로 말했다.

"야구부가 정말 있었군요!"

"응. 그래 봤자 부원은 아직 마미랑 나, 이렇게 두 사람밖에 없지만. 야구부 자체도 올해 4월에 막 다시 시작했어."

도가시 고헤이는 아사가와 고교 3학년생이다. 작년까지는 어느 부에도 들어가지 않았지만 우연한 계기로 야구부에 관심을 갖게 되었다. 바로 교육 실습차 나온 교생 선생님에게서 《모시도라》에 관한 이야기를 들었기 때문이다.

그 교생 선생님은 고교 시절에 자신이 소속되어 있던 도립 호도쿠보 고등학교 야구부를 고시엔 대회 첫 출전으로 이끈 매니저 가운데 한 사람, 바로 호조 아야노였다. 그때 그녀는 20세기를 대표하는 철학자라고 불리는 피터 드러커의 저서 《매니지먼트》를 참고해 그런 성과를 이끌어냈다. 바로 그녀가 피터 드러커와 《매니지먼트》에 관해 교생 시절에 많은 내용을 가르쳐주었던 것이다. 관심이 끌린 고헤이는 자신도 야구부 매니저를 하고 싶어졌다. 하지만 아사가와 고교에는 야구부가 없었다. 그런데 꼼꼼히 조사해보니 야구부가 없는 게 아니라 꽤 오래전부터 휴부(休部) 상태였다.

고헤이는 학교 측에 야구부 활동 재개를 신청했다. 하지만 그때는 지도를 담당할 교직원이 없다는 이유로 단번에 거절당했다. 그래도 고헤이는 포기하지 않았다. 그 뒤로도 야구부 활동 재개를 허가받기 위해 학교에 온갖 방법으로 건의를 시도했다.

그러다 마침내 올해 4월에 간신히 활동 재개를 허가받았다. 그때 마침 정식 교사로 부임해 온 아야노 선생님이 지도 교원을 맡게 되었다.

이로써 아사가와 고등학교 야구부는, 비록 부원은 고헤이 단 한 명뿐이지만 다시 활동을 시작할 수 있었다.

"이 이야기를 듣고 나도 흥미가 생겼어" 하고 마미가 말했다. "그래서 고헤이 선배에게 부탁해서 야구부에 들어온 거야."

"무슨 소리! 신입 부원이라면 언제든지 대환영이야."

이 말을 들은 유메가 말했다.

"그럼, 부원은 고헤이 선배와 마미뿐이구나. 마미는 야구부 얘기를 어떻게 알게 된 거야?"

"아야노 선생님에게 들었어."

"하지만 아야노 선생님이란 분은 우리와는 아무런 접점이 없지 않아? 다른 학년을 맡고 계시니 말이야."

"응. 내가 찾아뵈었어. 재미있는 분인 거 같아."

"재미있는 분?"

"그렇잖아. 입학식 날 인사할 때 그렇게 주뼛주뼛하다니, 신기하지 않아? 누가 뭘 물어보기만 하면 꼭 '예? 아, 네' 하고 대답하고 말이야. 예전에 교생 실습 나오셨을 때 지금 3학년들이 '예아네'라는 별명으로 불렀대."

"그랬구나."

그 말을 들은 유메는 문득 깨달았다. 마미는 별난 개성이 있는 사람을 좋아하는 것이다. 특히 커뮤니케이션에 서툰 사람을 좋아한다. 자신과 친구가 된 것도 아마 그런 이유에서였을 것이다. 거의 아무하고도 말을 섞은 적이 없던 자신에게 관심을 가졌으니 말이다. 마미에게 확실한 이유를 들은 건 아니지만 유메는 어렴풋이 그런 사실을 깨달았다.

"그래서 나도 오늘부터 야구부 매니저를 하기로 했는데, 어때?"

그렇게 묻는 마미에게 유메는 솔직히 대답했다.

"좋은걸. 마미랑 잘 어울려. 응원할게."

그러자 마미는 눈살을 찌푸렸다.

"아니, 그게 아니라……."

"응?"

"유메도 같이 하면 어떻겠느냐고 묻는 거야. 우리와 함께 매니저를 해보지 않을래?"

"뭐라고?"

3

뜻밖의 말에 놀란 유메는 자신도 모르게 목소리를 높였다. 지금까지 자신이 야구부 매니저를 한다는 건 단 한순간도 상상해본 적이 없다. 하지만 곧 진지한 표정으로 잠시 생각해보았다. 그러고 나서 얼굴을 들고 마미를 보며 대답했다.

"좋아. 나도 하고 싶어. 야구부 매니저가 되겠어."

그 순간 마미가 유메를 부둥켜안았다. 그러고는 볼에 뽀뽀를 했다.

놀란 유메는 자신도 모르게 "꺅!" 하고 소리를 질렀다. 하지만 마미는 유메를 더욱 세게 끌어안았다.

"역시 내 친구야! 말이 잘 통해. 난 유메의 이런 점이 정말 좋아."

"그치만 말야, 정말 내가 해도 괜찮은 거야?"

그러자 마미는 도리어 고개를 저었다.

"네가 해도 괜찮은 게 아니야. 너라서 괜찮은 거야."

그 말을 들은 유메는 마미를 쳐다보고는 콧방울을 벌름거렸다.

"나, 열심히 할게."

"응!"

마미는 다시 한 번 유메를 꽉 끌어안았다. 고헤이는 얼굴을 붉히며 두 사람을 곁눈질로 바라보고 있었다.

겨우 유메를 놓아준 마미가 말했다.

"자, 그럼 그라운드로 안내할게. 고헤이 선배, 부탁해요."

"오케이!"

고헤이는 갖고 있던 열쇠로 철문을 열었다. 그러자 녹슨 경첩이 끼익하고 소리를 내면서 문이 묵직하게 열렸다. 문이 열리자 눈앞에 드넓은 잔디밭이 펼쳐졌다.

"으아! 잡초가 너무 무성하게 자라 있네!"

탄식을 내지른 사람은 마미였다. 고헤이가 예상했다는 듯한 표정으로 대꾸했다.

"할 수 없지 뭐. 25년이나 방치돼 있었는걸."

마미는 잡초가 무성하게 자라 있는 운동장을 물끄러미 바라다보았다.

"우선 잡초 뽑는 일부터 시작해야겠네."

세 사람은 그라운드를 한 바퀴 돌면서 구석구석 살펴보았다. 입구 근처의 홈베이스 양편으로 콘크리트제 지붕이 달린 벤치가 있었다. 1루 쪽 벤치 뒤에는 불펜이 있고 외야에는 펜스가 둘러쳐져 있었다. 맞은편은 북서향의 내리막 경사면이었고 학교 간판이 그 경사지에 세워져 있었다.

그라운드는 약간 높지막한 언덕의 정상에 있어서 전망이 무척 좋았다. 그래서 그라운드의 어느 곳에서든지 조금 전

타고 온 모노레일의 모습이며 그 너머에 있는 다마 동물원과 다마 구릉의 산까지 한눈에 내다볼 수 있었다.

"멋있어……. 굉장해. 저쪽은 아사 강까지 다 보여!"

유메가 외야 펜스에 손을 얹고는 북동쪽을 가리키며 목소리를 높였다.

"마치 '천공의 성 라퓨타' 같아."

그러자 마미가 돌아다보며 눈을 빛냈다.

"그거, 좋다!"

"응?"

"이 그라운드의 이름 말이야. '천공의 그라운드'로 부르자."

"멋져!" 유메가 동의했다. 고헤이도 "좋은걸!" 하고 감탄하며 고개를 끄덕였다. 그날 이후 야구부의 그라운드는 '천공의 그라운드'라고 불렸다.

세 사람은 학교로 되돌아왔다. 이번에는 모노레일을 타지 않고 시험 삼아 걸어서 와보았다. 대략 40분쯤 걸렸다. 걸어오는 동안 앞으로의 야구부 활동에 관한 이야기가 끝없이 이어졌다.

"우선 선수를 모집해야 해. 그리고 그라운드도 정비해야겠지?" 고헤이가 말했다.

그 말을 듣고 마미가 물었다.

"그전에 한 가지, 중요한 걸 잊지 않았어요?"

"뭘?"

"우리도 아야노 선생님처럼 경영을 공부해야만 해요."

"맞아. 자, 그럼 우선 피터 드러커의 《매니지먼트》를 읽는 것부터 시작해볼까?"

"그것도 괜찮긴 한데요." 마미가 눈을 내리깔고 말했다.

"응?"

"기왕이면 새로운 일을 시작하고 싶어요."

"새로운 일이라니?"

"피터 드러커의 《매니지먼트》라면 아야노 선생님을 따라 하는 셈이 되니까 좀 시시하지 않아요? 우린 그보다 앞서 나가야죠."

"어떻게?"

"우리는 우리만의 새로운 책을 읽는 게 어떨까요?"

"오호!" 고헤이가 감탄한 표정을 지었다. "그거 좋은 생각인데! 새로운 일을 하는 거, 나도 좋아해."

"그렇죠?" 마미도 활짝 웃으며 대꾸했다.

"하지만……" 하고 유메가 끼어들었다.

"새로운 책이라니, 대체 뭘 읽는다는 거야?"

그러자 마미는 씨익 웃으며 비밀스럽게 말했다.

"실은, 이미 찾아놨어."

학교로 돌아온 세 사람은 마미의 교실로 들어갔다. 마미는 가방 속에서 책 한 권을 꺼내들며 유메와 고헤이에게 보여주었다.

"짜잔! 바로 이 책입니다!"

고헤이가 표지에 적힌 제목을 읽었다.

"《이노베이션과 기업가정신》?"

"네. 이 책을 우리 참고서로 활용했으면 해요."

"그런데, 왜 하필 이 책이야?"

그렇게 묻는 유메에게 마미가 대답했다.

"사실은 미리 아야노 선생님에게 여쭤봤거든."

"그래?"

"《모시도라》를 보고 아야노 선생님을 찾아가, 《매니지먼트》 다음에는 어떤 책을 읽으면 좋을지 여쭤봤어. 그랬더니 이 책을 소개해주시더라고."

"오호!"

"아야노 선생님 말씀으로는, 앞으로는 점차 이노베이션 시대가 열릴 거래. 그래서 이 책의 중요성이 커질 거라고 하셨어."

"이노베이션 시대?"

이번에는 고헤이가 물었다. 그러자 마미가 대답했다.

"피터 드러커가 강조하는 매니지먼트의 기능은 두 가지잖아요?"

"마케팅과 이노베이션이지? 그건 《모시도라》에도 나와 있었어."

"앞으로 경쟁 사회가 진행되어가다 보면 그 두 가지 중에서도 특히 이노베이션의 중요성이 커질 거라고 선생님이 말씀하셨어요."

"왜 이노베이션의 중요성이 커지는 건데?"

유메가 바로 질문을 던졌다. 마미는 이번에는 유메를 바라보면서 대답했다.

"이노베이션이야말로 경쟁 사회를 살아나가는 데 가장 좋은 수단이기 때문이야."

"그래?"

"아야노 선생님은 이렇게 말씀하셨어. '이노베이션은 경쟁을 하지 않는 것'이라고."

"무슨 뜻이지?" 하고 다시 고헤이가 물었다. 마미가 대답했다.

"이노베이션이란 건 새로운 것을 만들어내는 일이잖아요? 그러니까 새로운 것이 생겨나면, 다시 말해 이노베이션이 성공을 거둔다면 그때는 라이벌이 없어져요. 어쨌든 새로운 것이니까 아직 아무도 같은 일에 뛰어들지 않은 상태거든요."

"흐음."

"이를테면 애플이 아이폰을 발매한 것은 획기적인 이노베이션이었어요. 당시에는 아이폰 같은 스마트폰이 없었으니까요. 그래서 아이폰에는 한동안 라이벌이 없었죠. 일단 스마트폰을 사려고 하면 아이폰을 살 수밖에 없었거든요."

"그렇군!" 하면서 고개를 끄덕이는 고헤이를 보며 마미는 계속해서 말을 이었다.

"그런 식으로 이노베이션을 일으키면 경쟁을 하지 않아도 되는 거예요. 경쟁 사회가 진행되어도 살아남을 수 있는 거죠."

"옳은 말이야." 고헤이가 마미의 설명에 수긍했다.

"그렇게 생각하면 경쟁이라는 건 전부 낡고 오래된 데서 일어나는 거네. 고교야구도 100년의 오랜 역사가 있는 만큼 참가하는 학교가 4천여 군데로 늘어나 경쟁이 치열한 거고. 하지만 100년 전, 고교야구가 탄생할 무렵에는 참가하는 학교도 적었다는군. 아마 73개교였다던가. 그러니 경쟁도 그다지 심하지 않았겠지."

"맞아요. 그래서 경쟁 사회는 고교야구처럼 단 한 사람의 승자 외에는 모두가 패배하는 냉엄한 세계인 거죠. 그래서는 아무래도 살아남기 힘드니까 이노베이션으로 새로운 것을 만들어 경쟁을 조금이라도 줄이자는 게 피터 드러커의 생각이에요."

"음……." 유메가 생각에 잠긴 표정으로 팔짱을 끼었다. "경쟁을 하지 않는 것이 오히려 경쟁 사회를 살아나가는 수단이라……."

"그러면 이노베이션은 어떻게 해야 실현할 수 있지?"

그렇게 묻는 고헤이에게 마미가 대답했다.

"바로 이《이노베이션과 기업가정신》이라는 책에 그 방법이 상세히 나와 있어요. 그래서 앞으로 이 책을 함께 공부했으면 해요."

고헤이가 말했다.

"응, 알았어. 자 그럼 우리 이 책을 읽기로 하자."

세 사람은 각자《이노베이션과 기업가정신》을 읽어 오기로 하고 헤어졌다.

4

학교에서 집으로 돌아오는 길에 유메는 근처에서 가장 큰 역인 다카하타후도 역에 들렀다. 역 빌딩에 있는 서점에서 피터 드러커의《이노베이션과 기업가정신》에센셜판을 샀다.

유메에게는 결코 만만한 금액이 아니었다. 하지만 참고서는 부모님이 사주고 있으니 이 책쯤은 스스로 살 수 있었다.

그보다도 진짜 큰 문제는 내용이었다. 유메는 이 책의 첫머리에서부터 난관에 부딪혔다.

1800년경 프랑스의 경제학자 장 바티스트 세(Jean Baptiste Say)는 "기업가는 경제적 자원을 생산성과 수익성이 낮은 곳에서 더 높은 곳으로 이동시킨다"라고 말했다. 하지만 세가 '기업가(企業家, entrepreneur)'라는 단어를 만든 이래 아직까지 기업가와 기업가정신에 대한 정의는 확립되어 있지 않다.

유메는 이 문장에서 '기업가'의 의미를 도무지 이해할 수 없었다. 하지만 책 제목에 나와 있는 걸로 봐서 중요하다는 사실만큼은 짐작했다. 모르는 채로 넘어가면 안 될 것 같아서 사전을 찾아보았더니 이렇게 적혀 있었다.

【기업가(企業家)】영리를 목적으로 스스로 경영·지휘의 임무를 맡아 생산을 행하는 사람. 기업의 경영자.

이 설명을 읽고 유메는 생각했다.
'쉽게 말해서 사장이나 경영자구나.'
그렇다면 사장이라고 하거나 《매니지먼트》에도 나오듯이 매니저라고 쓰면 될 텐데 왜 이렇게 표현한 건지 의아했다.

이 책에서는 아무래도 매니저와 기업가를 일부러 구분해서 사용하는 것 같았다. 그렇기에 여기서도 굳이 기업가라는 단어를 쓴 것이다. 이번에는 책 표지를 찬찬히 살펴보았다. 그러자 일본어 제목 아래 영어로 작게 'INNOVATION AND ENTREPRENEURSHIP'이라고 쓰여 있었다.

'INNOVATION'이 '이노베이션'이니 'ENTREPRENEURSHIP'은 '기업가정신'이라는 뜻일 것이다. 유메는 이번에는 영어사전에서 'ENTREPRENEURSHIP'을 찾아보았다. 그러자 'ENTREPRENEURSHIP'이라는 항목에 이렇게 쓰여 있었다.

【ENTREPRENEURSHIP】기업가(起業家).

영어사전에 쓰여 있는 '기업가'의 한자가 약간 달랐다. 같은 기업가인데도 책에는 '기업가(企業家)'라고 나와 있고 영어사전에는 '기업가(起業家)'라고 표기되어 있다.

한자를 보고 유메는 드디어 의미를 추측할 수 있었다. '기(起)'는 '일으키다' '시작하다'이므로 '새로 무언가를 시작한다'는 뜻일 것이다. 다시 말해 경영자 중에서도 특히 새롭게 무언가를 시작하는 사람을 '기업가(起業家)'라고 부름으로써 일반적인 경영자와 구분하는 것이다.

'그렇다면 이 책은 새로 무언가를 시작하는 일(=이노베이션)과 새로 무언가를 시작하는 사람의 마음가짐(=기업가정신)에 관해 쓴 것이겠군.'

유메는 이렇게 추측했다.

'그럼 기(起)가 아니라 굳이 기(企)를 써서 책 제목을 기업가(企業家)로 표현한 이유는 뭘까?'

의문이 남았지만 일단 그 부분은 나중에 고민하기로 하고 서두에 나온 문장의 의미를 좀 더 곱씹었다.

우선 파악할 수 있는 것은 '기업가(企業家)'라는 단어를 만든 사람이 경제학자인 장 바티스트 세이며, 생겨난 지 200년이 더 지난 지금까지도 정의가 확립되지 않았다는 사실이다.

'이 내용을 서두에 일부러 쓴 이유는 뭘까. 피터 드러커는 이 책에서 기업가의 정의를 확립하려고 한 게 아닐까. 그래서 첫 문장에서 굳이 언급한 거야.'

무엇보다 '기업가' 또는 '기업가정신'이라는 단어의 정의를 확립하는 일이 이 책의 목적 중 하나일 것이다. 그렇다면 책을 읽다 보면 그에 관한 답이 나오지 않을까.

그렇게 생각하자 유메는 마음이 조금 편해졌다. 기업가라는 말의 의미를 몰라서 당황했지만, 아마 나뿐만이 아닐 것이다. 오죽하면 200년 동안 아무도 정의를 내리지 못했다지 않은가. 그래서 피터 드러커가 이 책에서 최초로 기업가의 정의를 확립하고자 하는 것이다.

'그렇게 보면 피터 드러커는 정말 대단한 사람이구나.'

유메는 가슴이 약간 두근거렸다. 이어서 책을 읽어나가자 추측한 대로 조금 뒤에 기업가의 정의에 관해 쓰여 있었다.

> 기업가는 이미 하고 있는 일을 더 훌륭히 하기보다는, 완전히 새로운 일을 하는 데서 가치를 찾아낸다.

'이미 하고 있는 일을 더 훌륭히 하기보다는, 완전히 새로운 일을 하는 데서 가치를 찾아내는 것.' 드러커는 기업가의 정의를 이렇게 표현했다.

유메는 이 문장을 읽자 낮에 그라운드에서 돌아오면서 마미가 한 말이 떠올랐다.

"《매니지먼트》라면 아야노 선생님을 따라하는 셈이 되니까 좀 시시하지 않아요? 우린 그보다 앞서 나가야죠."

고헤이도 "그거 좋은 생각인데! 새로운 일을 하는 거, 나도 좋아해"라고 동의했다.

두 사람은 동시에 같은 말을 했다. 게다가 새로운 일을 하고 싶다고 했다. 이미 하고 있는 일을 더 잘하는 것보다 전혀 다른, 새로운 일을 하는 데서 가치를 찾으려고 했다. 유메는 이 사실을 깨닫고는 무척 감탄했다.

"대단해. 마미와 고혜이 선배는 이미 기업가정신을 갖고 있어!"

유메는 이어서 자신에 대해 생각했다.

'그에 비하면 나는 기업가정신이 부족해. 두 사람이 이 이야기로 한창 열을 올리고 있을 때 난 아무것도 느끼지 못하고 있었어. 솔직히 속으로, 읽을 책은《매니지먼트》하나면 충분하다고 생각하고 있었으니 말이야.'

자신은 아무래도 기업가 유형은 아닌 듯했다. 유메는 이 사실을 인정하지 않을 수 없었다.

하지만 신경 쓰지 않았다. 자신에게 그런 자질이 없다 한들 당장 문제될 건 없었다.

유메는 원래 자신을 낮게 평가하는 버릇이 있었다. 기업가정신이 없다는 사실을 알았다고 해서 이제 와서 충격을 받을 일도 아니었다. 또한 마미를 도울 생각으로 매니저가 된 것뿐이므로 자신이 기업가가 아니더라도 아무 문제 없을 거라고 여겼다.

유메는 마미가 너무 좋았다. 마미 앞에서는 솔직한 자신의 모습 그대로 있을 수 있었다. 유메는 마미의 말을 되도록 순순히 들으려고 했다. 실제로 그렇게 함으로써 지금껏 좋은 일이 많이 생겼고 앞으로도 모든 일이 잘될 것 같은 기분이 들었다. 그래서 고민해보기도 전에 '매니저가 되겠다'고 대답했던 것이다. 고민은 나중에 해도 상관없었다.

　유메는 자신에게 기업가정신이 결여되어 있다는 걸 자각했지만 그다지 심각하게 받아들이지 않았다. 그저 자신은 기업가가 아니라고 인정했을 뿐, 그 일에 대해서는 금세 잊어버렸다. 그러고는 책을 계속해서 읽어나갔다.

　하지만 유메는 머지않아 '기업가정신 결여'로 말미암아 무던히도 속을 끓이게 된다. 물론 이때는 이 사실을 전혀 알 길이 없었다.

제2장

유메,
《이노베이션과 기업가정신》을 읽다

5

그로부터 사흘 동안 유메는 《이노베이션과 기업가정신》을 읽었다. 하지만 좀처럼 이해하기 어려워 결국에는 5분의 1 정도밖에 읽지 못했다. 읽은 부분조차 제대로 이해한 건지 자신이 없었다. 한 번 읽어서는 무슨 내용인지 거의 알 수 없었다.

그리고 학교 건물 1층의 서쪽 끝에 있는 소교실에서 열리는 야구부 회의에 참가했다. 이날, 다시 세 명이 모여 앞으로의 활동에 관해 의논하기로 되어 있었다.

유메가 교실로 가자 이미 고헤이가 와 있었다. 유메는 "안녕하세요?" 하고 인사만 건넸을 뿐, 다른 말은 하지 않았다.

아직 마미를 제외한 다른 사람과는 대화하는 게 서툴렀다.

그러자 고헤이가 말을 걸어왔다.

"어때? 책은 다 읽었니?"

"아뇨, 다 읽긴요. 5장까지밖에 못 읽었어요."

"그래? 대단한걸! 난 3장에서 막혔는데."

"어렵더라고요."

"이 책도 《모시도라》 같은 버전이 있나 몰라? 있다면 그걸 읽고 싶은데 말이지."

그때 마미가 들어왔다. 유메는 고헤이와 둘만 있는 어색한 상황에서 벗어나자 순간 마음이 놓였다. 그런데 마미 뒤로 여학생 두 명이 따라 들어왔다. 마미는 유메와 고헤이에게 두 사람을 소개했다.

"이쪽은 가키타니 요코와 간다 사쓰키야. 두 사람 모두 야구부 매니저가 되고 싶대."

"뭐?" 하고 고헤이가 입을 쩍 벌렸다. "가입 희망자가 두 사람씩이나?"

"괜찮겠죠?" 이렇게 묻는 마미에게 고헤이는 놀라면서 대답했다.

"응? 으……응. 그야, 물론이지!"

그러자 요코와 사쓰키는 "앗싸!" 하며 서로 손을 맞잡고 기뻐했다. 아마도 두 사람은 친구인 듯했다. 마미가 두 사람을 다시 한 번 소개했다.

"두 사람도 《모시도라》를 읽고 매니저 일에 관심이 생겨 아야노 선생님께 말씀을 들으러 왔더라고요. 그래서 제가 야구부 매니저가 되지 않겠느냐고 권한 거예요."

"저는 매니지먼트에 관해서 더 배우고 싶어요."

이렇게 말한 사람은 가키타니 요코였다.

"저는 이곳이라면 왠지 청춘을 뜨겁게 보낼 수 있을 것 같아요."

요코에 이어 간다 사쓰키가 말했다.

요코는 작은 체격에 이목구비가 반듯한 미인으로 재기가 넘쳐 보였다. 안경을 쓴 사쓰키는 수수한 외모이지만 입가에 장난기 어린 웃음을 머금고 있어 보통내기가 아닌 듯한 인상을 풍겼다.

"이제 다섯 명이네. 한꺼번에 늘었어" 하고 고헤이가 감탄했다. "설마하니 매니저만 다섯 명이나 모일 거라고는 전혀 예상하지 못했어. 선수는 아직 한 명도 모이지 않았는데 말이지."

마미는 고헤이를 흘긋 쳐다본 뒤 요코와 사쓰키를 자리에 앉게 하고는 교단에 서서 의장 역을 자청하고 나섰다.

"그럼 지금부터 야구부 회의를 시작하겠습니다. 먼저 지난번에 말한 대로 《이노베이션과 기업가정신》을 참고해서 야구부의 정의를 결정하겠습니다."

《모시도라》에서 매니저는 맨 먼저 야구부에 관한 정의를 내린다. 그것이 바로 매니지먼트의 첫걸음이다. 책에서 배운 대로 지금도 우선은 '야구부의 정의'부터 분명히 하기로 했다. 단지 이번에는 《매니지먼트》가 아니라 《이노베이션과 기업가정신》을 참고했다. 이것이 그들의 새로운 대처법이었다.

"고헤이 선배, 어떠세요?"

마미의 질문에 고헤이는 약간 대답하기 곤란한 듯이 얼버무렸다.

"아니, 그게 말이지. 아직 잘 모르겠어."

"맞아. 나도 그래." 유메도 마미가 묻기 전에 미리 선수를 쳤다. "역시 잘 모르겠어. 어려워."

그러자 마미는 표정을 바꾸지 않은 채 이렇게 말했다.

"물론 이 책은 금세 읽어 내려갈 만한 내용이 아니니까 괜찮습니다. 이제부터 몇 년에 걸쳐 천천히 익혀야 할 책이니까요."

그러고 나서 칠판을 향해 돌아서서 분필을 쥐었다.

"그러면 첫머리부터 제가 중요하다고 생각하는 부분을 써보겠습니다. 우선 이 문장!"

기업가는 이노베이션을 행한다. 이노베이션은 기업가의 고유한 도구다.

마미는 자신이 칠판에 적은 문장을 보면서 이야기를 계속해나갔다.

"우리는 매니저로서 야구부의 '기업가'가 되려고 하는 겁니다. 단순한 경영자가 아니라 새로운 가치를 만들어가는 거죠. 이노베이션이 바로 그 도구입니다. 이노베이션 없이 새로운 가치를 만들 수는 없어요."

"그렇지!" 고헤이가 감탄하며 그 문장을 노트에 적어 넣었다. 유메와 요코, 그리고 사쓰키도 따라 적었다. 그들의 모습을 보고 마미는 말을 이었다.

"어떻게 해야 이노베이션을 실행할 수 있을지가 문제인데요. 피터 드러커는 이렇게 말했습니다."

마미는 《이노베이션과 기업가정신》을 펼쳐서 해당 부분을 낭독했다.

우리는 아직 이노베이션의 이론을 구축하지 못했다. 하지만 이노베이션의 기회를 언제, 어디서, 어떻게 체계적으로 찾을 것인지, 더군다나 성공 확률과 실패 리스크를 어떻게 체계적으로 판단할 것인지에 관해서는 충분히 알고 있다. 아직 윤곽뿐이지만 이노베이션 방법을 발전시키는 데 필요한 지식도 충분히 얻고 있다.

마미는 말을 이었다.
"게다가 피터 드러커는 이렇게 결론지었어요."

이 새로운 것을 만들어낼 수 있는 기회가 바로 변화다. 이노베이션은 의식적이고 조직적으로 변화를 추구하는 일이다.

고헤이가 물었다.
"변화를 추구한다는 건 무슨 뜻일까?"
그 질문에 마미는 이렇게 대답했다.
"우리 주변에서 일어나고 있는 일을 주의 깊게 살펴보고 '지금까지와 다른 일'을 찾아내는 거예요."
"변화란 구체적으로 어떤 걸 가리키는 거지?"
"그건 여러 가지가 있어요. 피터 드러커는 변화를 일곱 가지 유형으로 나눴어요."
"아! 이거구나." 유메가 목소리를 높였다. "뒷부분에 '일곱 가지 기회'라고 쓰여 있어."
"맞아. 피터 드러커는 주목해야 할 변화를 일곱 가지 항목으로 나누고 각각의 변화가 어떻게 나타나는지와 그 특징,

그리고 변화를 이용한 이노베이션의 실례까지 상세하게 설명하고 있어."

"그렇네. 이 장에는 그런 내용이 쓰여 있군." 고헤이는 감탄하며 고개를 끄덕였다.

마미가 얼른 동의했다.

"네, 이 책을 참고하면 드러커가 말하는 '변화'가 무엇인지 알 수 있을 거예요."

"자, 그럼 우리가 먼저 해야 할 일도 이 책을 참고로 우리 주변에서 일어나는 변화를 찾아내는 거네."

그렇게 말한 사람은 요코였다.

이 말에 마미는 살짝 미소를 지었다.

"맞아! 그러니까 지금부터 우리가 함께 그걸 찾아내자고!"

"'일곱 가지 기회'란 어떤 거야?" 이번에는 사쓰키가 손을 들고 물었다. "미안해. 난 아직 이 책을 읽지 못해서."

"괜찮아. 일곱 가지 기회에는 다음과 같은 것이 있어."

이렇게 대답한 마미는 그 내용을 칠판에 써내려갔다.

1. 예상치 못한 일
2. 불일치의 존재
3. 니즈(needs)의 존재
4. 산업구조 변화

5. 인구구조 변화
6. 인식 변화
7. 새로운 지식 출현

칠판에 적은 내용을 보고 고헤이가 말했다.
"그럼 어떤 것부터 해나가는 게 좋을까?
마미가 대답했다.
"피터 드러커는 이렇게 말했어요."

다만 이들 일곱 가지 기회의 순서에는 의미가 있다. 신뢰도와 확실성이 높은 항목부터 순서대로 적어놓았다.

"즉, 이 일곱 가지 중 첫째 항목의 기회가 가장 신뢰성과 확실성이 높다는 뜻이지요. 그러니 우리도 우선 '예상치 못한 일'부터 생각해보기로 해요."

6

"예상치 못한 일이라!" 고헤이가 고개를 갸우뚱거렸다.
"이 부분은 나도 읽긴 했는데, 지금 우리와는 관계없는 말이라고 생각했어."

"왜요?"

"그도 그럴 것이, 우린 아직 아무것도 시작하지 않았잖아. 그러니 아무 일도 일어나지 않았어. 예상하고 있던 일은 물론이고 예상하지 않은 일도 말이야. 그래서 관계없다고 생각했거든."

마미는 팔짱을 낀 채 생각에 잠겼다. 그리고 나서 얼굴을 들고 말했다. "일단 조금 더 읽어보죠."

마미는 책을 펼쳐 다음 부분을 낭독했다.

예상치 못한 성공만큼 좋은 이노베이션의 기회는 없다. 이보다 리스크가 적고 힘이 덜 드는 이노베이션은 없다. 그런데도 예상치 못했던 성공은 거의 무시되고 있다. 심지어는 곤란하게도 존재마저 부정당하고 있다.

그때 "저······" 하면서 사쓰키가 다시 한 번 손을 들었다.

"'예상치 못한 일'이란 게 무슨 뜻이야?"

"그렇지. 그걸 먼저 얘기해야겠네." 마미는 책으로 눈을 돌리고 이렇게 대답했다.

"피터 드러커는 '예상치 못한 일'이란 예상하지 못한 성공이나 예상하지 못한 실패, 다시 말해 미리 예측하지 못했던 일이 발생하는 거라고 설명하고 있어."

"구체적으로 말하면?"

"이 책에서는 메이시 백화점에서 일어난 일을 구체적인 예로 소개하고 있어. 이 책이 쓰이기 30년도 더 전의 일이니까 1950년쯤 되려나? 뉴욕의 고급 백화점인 메이시에서 예상과 달리 가전제품이 잘 팔리기 시작했다고 해. 당시 메이시 백화점의 주력 상품은 여성복이었고, 가전제품은 덤 정도로밖에 인식되지 않았어. 그 때문에 그런 상황을 미리 예상하지 못했던 거지. 이게 바로 예상치 못했던 성공이야."

"아, 그렇구나" 하고 사쓰키가 말했다. "자신들이 의도한 것과 다른 형태로 성공하는 것이 '예상치 못한 성공'이라는 뜻이네."

"맞아. 그리고 피터 드러커는 이노베이션을 일으키는 데 이보다 더 좋은 기회가 없는데도 대개는 무시당한다고 말하고 있어."

"무시?"

"응. 아까 말한 메이시 백화점만 해도 당시의 경영자가 이렇게 말했다고 해."

하지만 우리 같은 백화점에서는 여성복 매출이 전체의 70퍼센트가 되어야 합니다. 가전제품 매출이 급속도로 늘어나 60퍼센트를 기록했다는 건 비정상적인 현상입니다. 건전하고 정상적인 수준으로 되돌리기 위해 다시 여성복 매출 증대를 꾀했지만 아무래도 잘되질 않는군요.

"뭐라고?" 사쓰키는 눈을 동그랗게 떴다. "모처럼 가전제품이 잘 팔리는데도 별로 달가워하지 않았다고? 왜 그렇게 생각한 거지?"
마미는 다음 부분을 낭독해 들려주었다.

경영자가 예상치 못한 성공을 인정하지 않는 것은, 사람은 누구나 오랫동안 지속되어온 현상을 정상으로 여기고 영원히 계속되어야 한다고 믿기 때문이다. 자연의 법칙처럼 받아들여왔던 일을 거스르는 현상은 모두 비정상적이고 불합리하며 건전하지 않다고 여겨 거부하게 된다.

"그리고 변화를 겸허하게 받아들이려면 상당한 용기가 필요하다고도 쓰여 있어."
이 말을 듣고 사쓰키는 고개를 끄덕였다.
"알 것 같아. 나도 언젠가 머리를 짧게 잘랐더니 모두들 안 어울린다고 하는 바람에 놀란 적이 있어."
사쓰키의 머리 모양은 약간 짤막한 쇼트커트였다.

"그런데 그보다 더 놀란 것은 일주일이 지나자 모두 그 일을 완전히 잊었다는 사실이야. 그뿐인 줄 알아? 처음에는 머리 모양이 내게 어울리지 않는다고 했던 사람이 이번에는 잘 어울린다고 칭찬까지 하더라니까."
"정말?"
"지금 생각해보니까 그때 모두가 거부감을 느꼈던 것은 '머리 모양'이 아니라 '변화'였던 거지."
"그거 참 흥미로운 이야긴데. 지금 생각났는데 말이야, 피터 드러커는 이런 내용도 소개했어."

게다가 예상치 못한 성공을 아무도 눈치조차 채지 못하는 일도 자주 일어난다. 주의를 기울이지도 않는다. 그래서 그 성공은 활용되지 못한 채 방치된다.

"다시 말해서 대부분의 사람은 변화에 거부감을 느끼지만 동시에 자각하지도 못하는 거야. 자신조차 미처 깨닫지 못하는 경우가 많아. 사쓰키의 머리 모양에 거부감을 느꼈던 사람도 그 사실을 자각하지 못했던 거지. 그리고 사람들의 관심이 식고 나면 어울리지 않는다고 생각했다는 사실마저 깨끗이 잊어버리고 또다시 어울린다고 말하는 거야."
"그렇게 생각하면 예상치 못한 성공이란 게 의외로 가까운

곳에 널려 있는 것 같아" 하고 사쓰키가 말했다.

"우리 주변에도 우리가 알아차리지 못할 뿐, 실은 예상치 못했던 성공이 일어나고 있을지도 몰라."

요코가 맞장구를 쳤다.

"맞아, 맞아. 인간이란 성공에는 둔감한 존재잖아. 역시 모두 기준을 높게 잡고 있기 때문에 성공해도 당연하다고 생각하는 거지."

그 말을 듣고 마미가 문득 무언가 생각난 듯한 표정을 지었다.

"그러고 보니 지금 우리에게도 이미 성공한 일이 있잖아."

"정말? 그게 뭔데?" 고헤이가 솔깃해져서는 몸을 앞으로 쑥 내밀며 물었다.

그러자 마미는 씩 웃으며 대답했다.

"모르겠어요? 선배가 말했잖아요?"

그 말을 듣고 갑자기 유메가 목소리를 높였다.

"매니저!"

"뭐라고?" 고헤이가 놀라서 소리를 질렀다. 유메는 놀라는 고헤이의 얼굴을 쳐다보며 말했다.

"아까 고헤이 선배가 이렇게 말했잖아요. 매니저만 다섯 명이나 모일 거라고는 예상하지 못했다고요."

"그러네!" 고헤이가 눈을 동그랗게 뜨며 말했다. "이거 혹시 예상치 못한 성공인 거야?"

"맞아요!" 마미가 고개를 끄덕였다. "우리는 이제 막 야구부를 다시 시작했을 뿐인데 이미 매니저가 다섯 명이나 모였잖아요. 이게 성공이 아니고 뭐겠어요!"

"그렇군. 분명히 그러네. 야구부를 부활시켰을 때는 우선 부원을 모으는 것이 중요한 과제라고 생각했는데 아직 모집하기도 전에 매니저만 다섯 명이나 모이다니, 생각지도 못했어."

"이 예상치 못한 성공을 활용하면 이노베이션의 기회를 찾아낼 수 있지 않을까요? 피터 드러커는 이렇게 말했거든요."

예상치 못한 성공이 가져온 이노베이션의 기회를 이용하려면 분석이 필요하다.

"그러니까 먼저, 왜 다섯 명이나 되는 매니저가 모였는지에 대한 분석부터 시작할까요?"

그때 요코가 목소리를 냈다.

"분석이라니, 어떻게 하는 건데?"

마미는 두 팔을 낀 채 잠시 생각하더니 이렇게 말했다.

"그러게. 우선은 왜 그런 현상이 일어났는지를 조사해봐야 할 것 같아."

"어떻게 조사하지?"

"그건 말이야." 마미는 다른 학생들을 둘러보면서 말했다. "여기 있는 여러분에게 물어볼게. 모두들 왜 매니저가 되려고 한 거지? 그 대답을 들으면 성공 요인이 보이지 않을까?"

"내가 먼저 말할게." 손을 든 사람은 요코였다.

"나는 말이지, 나중에 회사를 세우려고 해. 대학 진학이나 취직이 왠지 내게는 딱 와닿질 않거든. 그래서 매니지먼트에 관해 배우고 싶었는데, 고등학교에서는 그런 걸 공부할 수 있는 기회가 없잖아. 마침 그럴 때 《모시도라》를 읽었고, 야구부 매니지먼트에 관심이 생겼어."

마미는 요코의 말을 들으며 메모를 하고는 그다음 차례로 사쓰키를 지명했다. 그러자 사쓰키는 자리에서 일어나 말을 시작했다.

"나는 요코가 같이 하자고 해서 오게 되었지만, 사실 운동에는 정말 소질이 없어. 스포츠는 전혀 할 줄 몰라. 하지만 뜨거운 청춘을 동경하고 있던 차라 야구부에 들어오면 왠지 나도 청춘을 뜨겁게 보낼 수 있을 것 같았어. 고시엔 대회를 목표로 땀과 눈물을 흘린다는 거, 정말 멋지지 않아?"

"그랬구나. 뜨거운 청춘을 체험하고 싶어서라. 자, 그럼 이번에는 고헤이 선배 부탁드려요."

"나는 《모시도라》에 자극을 받은 데다 아야노 선생님이 말씀하신 매니지먼트에 관심이 생겼어. 하지만 역시 가장 큰 이유는, 뭐랄까, 누군가에게 도움이 되고 싶어서야. 나도 운동을 잘하지 못하는 데다 달리 취미가 있는 것도 아니어서 매일 뚜렷이 하는 일 없이 그저 허송세월하고 있었거든. 하지만 그렇게 사는 것만으로는 뭔가 부족한 마음이 들었지. 내가 살아 있다는 걸 느끼고 싶었어. 그게 바로 야구부를 부활시키려고 마음먹은 동기야. 야구부를 재건하는 일에 몰두하면서 그야말로 내가 살아 있다는 실감이 났어."

이어서 마미가 자기 속내를 털어놓았다.

"나는 고등학교에 들어와서 뭔가 재미있는 일을 하고 싶다는 생각이 들었어. 유익한 거 말이야. 뭔가를 배우고 싶었어. 하지만 공부라든지 동아리 활동 같은 건 너무 흔하고 단조로워서 그다지 관심이 없었거든. 그래서 새로운 방법, 즉 아무도 하지 않는 방법으로 뭐든 배우고 싶었던 거야. 그때 《모시도라》를 알게 된 거지. 읽어보니 정말 재미있지 뭐야. 이거라면 새로운 걸 배울 수 있을지도 모르겠다는 기대감이 생기더라고. 그래서 야구부 매니저를 하고 싶어졌어."

그러고 나서 마미는 마지막으로 유메에게 물었다.

"유메는 왜 매니저가 되고 싶었어?"

유메는 참으로 난감했다. 그렇잖아도 대답할 말을 열심히 찾고 있었다. 마미가 모두에게 매니저가 된 동기를 들어보자고 제안한 순간부터 뭐라고 답할지 쭉 생각하고 있었다. 하지만 좀처럼 적당한 대답이 떠오르질 않았다. 솔직히 말하자면 마미가 권해서 매니저가 된 것뿐이다. 하지만 그렇게 대답할 수는 없었다. 너무 주관이 없어 보여 모두 비웃을 것 같아 두려웠다.

다행히도 마미는 유메에게 맨 마지막 순서로 물었다. 혹시 유메가 대답하기 곤란해한다는 것을 알아차리고 맨 나중으로 배려해주었을지도 몰랐다. 그래도 유메는 좀처럼 재치 있는 대답을 떠올리지 못하고 있었다.

그래서 할 수 없이 무작정 입을 떼기로 했다. 입을 열면 뭔가 말이 나올지도 모른다고 배짱 좋게 생각하고 자리에서 일어났다. 그리고 입을 열었다.

"나는……."

그때 유메는 순간적으로 사람들을 둘러보았다. 그리고 모두 진지한 눈빛으로 자신을 바라보고 있다는 걸 알아챘다. 이번에는 교단에 서 있는 마미를 보았다. 마미도 진지한 눈빛으로 유메를 바라보고 있었다. 하지만 그 표정은 다른 사람들과는 조금 달랐다. 기분 탓인지, 마미의 표정은 어딘가 즐거워 보였다. 입가에는 가슴 두근거리는 듯한 미소가 떠올라 있었다. 유메의 대답을 은근히 기대하고 있는 듯했다. 유메와 이야기를 나눌 때 마미가 자주 짓곤 하는 바로 그 표정이었다.

마미의 표정을 보자 유메는 갑자기 어떤 단어가 떠올랐다.

"나는…… 말이야, 내가 있을 곳을 찾고 있었어."

그 말에 마미가 물었다.

"있을 곳?"

유메는 잠시 고개를 숙이고 생각에 잠겼다가 다시 얼굴을 들고는 이렇게 대답했다.

"나는 내가 있을 곳을 찾고 있었어. 항상 '내가 있을 곳은 없다'고 여기고 있었거든. 나는 집에서도 학교에서도 줄곧 내가 있을 곳이 없다고 생각해왔어."

그러고는 잠시 뜸을 들인 뒤 다시 입을 열었다.

"하지만 마미와 친구가 되고 나서부터 내가 있을 곳이 생겼다는 걸 느낄 수 있었어. 마미와 함께 있으면 그게 바로 내가 있을 곳이라는 생각이 들었거든. 마미가 내게, 있을 곳을 만들어준 거야."

모두 그 말을 가만히 듣고 있었다. 유메는 말을 덧붙였다.

"나는 내 자리를 갖고 싶었어. 그래서 매니저가 된 거야. 야구부 매니저가 되어 거기서 내가 있을 곳을 만들고 싶었어."

7

"그랬구나. 흥미로운걸." 잠시 침묵이 흐른 뒤 맨 먼저 입을 연 사람은 마미였다.

"겨우 다섯 명인데도 실제로는 다양한 의견이 나오네. 하지만 이걸로 잘 알았어. 지금 모두가 무엇을 원하고 있는지, 무엇을 추구하고 있는지 말이야."

"나도 '모두들 각자 그런 생각을 하고 있었구나!' 하고 감동했어." 이번에는 사쓰키가 말했다. "그런데 모두의 의견이, 내 안에도 조금씩 있어. 나 역시 매니지먼트에 관한 공부를 하고 싶을뿐더러 다른 사람에게 도움이 되고 싶어. 새로운 일에도 관심이 끌리고 내가 있을 곳도 물론 원해. 그래, 있을 곳이었어. 나도 예전에 그것 때문에 꽤 힘들었거든."

"그래?" 하고 묻는 요코에게 사쓰키는 한숨을 쉬며 말했다.

"너는 힘들었을 것 같지 않아."

"맞아!" 당사자인 요코가 그렇게 말하자 교실에는 모두의 웃음소리가 울려 퍼졌다.

이날 회의는 이렇게 끝났다. 다음 회의에서는 지금까지 나온 의견을 토대로 예상치 못한 성공을 활용한 이노베이션에 관해 생각해보기로 했다.

그런데 다음 날, 또다시 '예상치 못했던 성공'이 일어났다. 마미가 야구부에 들어오고 싶어 하는 사람을 또 데리고 온 것이다. 기우치 도모아키라는 남학생이었다.

"잘 부탁드립니다" 하고 인사를 한 도모아키는 얼굴만 보면 꽤 미남이었다. 다만 옛날 영화배우처럼 가지런히 가르마를 타고 앞머리를 이마에 딱 붙인 독특한 머리 모양을 하고 있어 조금은 촌스러운 분위기를 풍겼다.

"몇 마디 이야기를 나눠봤더니 꼭 매니저가 되고 싶다기에." 마미가 난처한 표정으로 고헤이에게 물었다. "이 친구를 야구부에 받아들여도 괜찮을까요?"

그 말에 고헤이는 놀라서 눈을 동그랗게 뜨면서 대답했다.

"그야 물론 상관없지만……. 대체 뭐라고 권유한 거야? 어째서 모두 매니저가 되려고 하는 거지? 꽤 강렬하게 끌어당기는 말이라도 있는 건가?"

"아뇨. 저는 그저, 별말 안 했어요. 단지……."

"단지 뭐?"

"어제 요코에게 들은 지원 동기가 재미있어서 그걸 말해줬어요. 그랬더니 도모아키가 꽤 관심을 보이더라고요."

"나 말야?" 요코가 뜻밖이라는 표정으로 자신을 가리켰다.

마미는 요코에게 고개를 끄덕여 보이며 말을 계속했다.

"어제 요코가 '매니지먼트에 관한 공부를 하고 싶지만 고등학교에서는 그걸 배울 수 있는 기회가 없다'고 말했잖아. 그게 바로 피터 드러커가 말한 '불일치'라는 걸 깨달았어."
"불일치?"
"응. 어제 말했듯이 불일치의 존재라는 건 이노베이션을 찾아내기 위한 제2의 기회야. 《이노베이션과 기업가정신》에는 이렇게 나와 있어."

불일치는 현실 상황과 당연히 존재해야 할 상황 사이의 괴리, 또는 누구나 그래야 한다고 믿는 이상과의 괴리이며 부조화다.

"즉, 요코에게는 매니지먼트에 관해 공부하고 싶다는 욕구가 있었지만 현실적으로 학교에서는 매니지먼트를 배울 기회가 없었어. 이것도 어쩌면 불일치라고 생각해."
"역시, 그런 거였구나. 하지만 어째서 학교에서는 매니지먼트를 가르쳐주지 않는 걸까?"
"피터 드러커는 이렇게 설명했어."

불일치가 생기는 원인을 알지 못하는 경우가 있다. 짐작조차 하지 못한다. 그럼에도 불일치의 존재는 이노베이션의 기회를 알려주는 징후다.

"다시 말해서 그렇게 된 원인은 차치하고, 불일치의 존재 자체가 이노베이션의 기회라는 거지. 그래서 요코의 욕구 자체가 실은 이노베이션의 기회였던 거야."

"내 욕구가 이노베이션의 기회라고! 그런 생각은 전혀 하지 못했어." 요코는 놀라서 소리쳤다.

"그게 다가 아니야" 하고 마미는 모두를 향해 돌아보며 말했다.

"나와 고헤이 선배, 요코와 사쓰키, 그리고 유메도 정도의 차이는 있지만 모두 매니지먼트에 어느 정도 관심이 있는 게 아니겠어?"

"맞는 말이야." 고헤이가 고개를 끄덕였다.

"그러니까 그건 니즈이기도 해요."

"니즈?"

"니즈는 피터 드러커가 말한, 이노베이션을 찾아내기 위한 제3의 기회예요. 《이노베이션과 기업가정신》에는 이런 말이 나와요."

이노베이션의 원천으로서의 니즈는 한정된 니즈다. 막연하거나 일반적인 니즈가 아니다. 구체적이어야 한다. 그것은 예상하지 못했던 성공이나 실패, 또는 불일치와 마찬가지로 기업과 산업의 내부에 존재한다.

"매니지먼트에 관한 지식의 필요성이 요구되고 있는데도 고교에서는 그것을 가르쳐주지 않는다니! 이보다 더 구체적인 니즈는 없다고 생각하는데 말이지."

"그럼 다시 말해서……" 하고 고헤이가 말을 꺼냈다. "'불일치'인 동시에 '니즈'라는 뜻인가? 두 가지 기회가 겹치는 거야?"

마미가 고개를 끄덕였다.

"그 점과 관련해서 드러커는 이렇게 말하고 있어요."

이 일곱 가지 혁신 기회가 확연히 구분되어 발생하는 것은 아니다. 서로 중복되어 일어나기도 한다. 이는 마치 일곱 개의 창문과 비슷하다. 각각의 창에서 보는 경치는 옆의 창에서 보는 경치와 별반 다르지 않다. 하지만 방 한가운데서 보이는 일곱 가지 경치는 모두 다르다.

"그러니까 이노베이션의 기회가 동시에 겹치는 일은 자주 일어나죠. 오히려 동시에 일어나는 편이 더욱 큰 이노베이션 기회라고 할 수 있을지도 몰라요."

마미는 새로 들어온 도모아키를 손으로 가리켰다.

"그래서 도모아키에게 말을 걸어봤어요. '매니지먼트를 배울 곳을 제공할 테니 참가해보지 않을래?' 하고 말이죠."

그러자 도모아키가 그 말을 받았다.

"난 야구를 무척 좋아해. 하지만 직접 하는 걸 좋아하는 게 아니라, 보거나 연구하는 걸 좋아해. 그래서 예전부터 야구 매니지먼트를 하고 싶었거든. 메이저리그에서 말하는 GM, 제너럴 매니저 같은 일 말야. 그러던 참에 고다마 마미가 매니저 제안을 해준 거지."

이 말이 끝나자마자 사쓰키가 끼어들었다.

"아! 결국 마미는 이노베이션을 일으킨 거구나!"

"응?"

"부원으로 들어오길 권유하는 이노베이션 말야. 권유 방법이 새롭지 않아? 대개는 '야구 해보지 않을래?' 하고 권하는데, 마미는 '매니지먼트 해보지 않을래?' 하고 권했잖아."

"오홋!" 모두 감탄사를 내뱉었다. 이 말에는 마미도 놀라는 표정을 지었다.

"정리하자면 우리는 우선 예상치 못한 성공에 주목한 거야."

"매니저만 다섯 명이나 모였다는 상황에 착안한 거지" 하고 요코가 맞장구쳤다.

사쓰키는 이 말에 고개를 끄덕이더니 말을 이어나갔다.

"그리고 그 성공을 분석하는 과정에서 이번에는 마미가 불일치의 존재를 발견해냈어."

"나도 그렇고, 우리 모두 매니지먼트를 배우고 싶어 했는데 학교에는 그런 기회가 없었어."

"게다가 니즈도 찾아냈지. 대부분의 고교생이 매니지먼트를 배울 곳을 원하고 있다는 구체적인 욕구를 알아차린 거야."

"그래서 그 욕구를 해결할 방안을 제시하며 권유했더니 금세 여섯 번째 입부 희망자가 나타났고."

"그렇게 해서 '부원 권유의 이노베이션'이 이루어졌다는 거네."

말을 이어받은 사람은 고헤이였다.

그때 마미가 "재미있어!" 하고 말했다. "이제 야구부의 정의가 뭔지도 알 것 같아."

"어떤 정의인데?"

이렇게 묻는 고헤이에게 마미가 대답했다.

"우리 야구부는 야구를 하기 위한 조직이 아니에요."

"뭐?" 고헤이는 놀라는 바람에 난데없이 갈라진 목소리를 냈다. "그럼 대체 어떤 조직이란 말이야?"

"바로 매니지먼트를 배우기 위한 조직이에요."

"뭐라고?"

"지금까지 야구부에서는 선수가 주역이고 매니저는 보조 역할이었어요. 그건 야구부의 정의가 어디까지나 야구를 하기 위한 조직이고, 매니저는 그걸 돕는 데 지나지 않았기 때문이죠."

"응, 대개가 그렇지."

"거꾸로 우리 야구부는 매니저가 주역이 되는 거예요. 매니저들이 매니지먼트를 배우기 위한 조직을 만드는 거죠."

8

마미의 말에 교실은 조용해졌다. 모두 어떻게 반응해야 좋을지 몰랐다.

이윽고 고헤이가 어리둥절한 표정으로 중얼거렸다.

"확실히, 이건 새로운 발상이야."

그리고 모두를 쭉 둘러보면서 말을 계속했다.

"야구부가, 야구를 하기 위한 조직이 아니라 매니지먼트를 배우기 위한 조직이라는 말은 들어본 적 없어."

"하지만……" 하고 요코가 불안한 듯 입을 열었다. "그렇게 대담한 정의를 내려도 정말 괜찮을까? 사람들이 머리가 어떻게 된 거 아니냐고 하지 않을까?"

"물론 그럴 가능성도 있어." 마미가 대답했다.

"그렇지? 리스크가 너무 커." 요코가 동의했다.

"하지만 이 정의는 아무렇게나 생각해낸 게 아니야. 우리의 이상과 소망도 아니지. 예상치 못했던 성공이라는 현실에서 이끌어낸 분석 결과야." 마미는 《이노베이션과 기업가정신》을 들어 올리며 말을 이었다. "드러커는 예상치 못한 성공에 관해 이런 식으로도 말하고 있어."

예상치 못했던 성공은 기회다. 하지만 동시에 요구이기도 하다. 정면에서 진지하게 받아들일 것을 요구한다.

"예상치 못한 성공은 단순히 이노베이션을 위한 기회일 뿐만 아니라 혁신을 추진하지 않을 수 없게 만드는 사회적 요구이기도 하다는 뜻이야. 그러니까 이런 사회적 요구를 정면에서 진지하게 받아들이라는 말은 매니저로서의 진지함을 추구하라는 뜻이 아닐까 싶어."
"으음, 그렇겠군."
"게다가 피터 드러커는 이렇게 말했어."

예기치 못한 성공은 자신의 사업과 기술과 시장의 정의에 관해서 어떠한 변화가 필요한지 스스로 묻게 한다. 이러한 질문에 제대로 대응할 때 비로소 예상치 못한 성공은 가장 리스크가 작고, 게다가 가장 성과가 큰 이노베이션의 기회가 된다.

"아까 요코가 리스크가 너무 크다고 말했지만 피터 드러커의 생각은 오히려 반대야. 일반적으로 이노베이션에는 큰 리스크가 따른다고 알려져 있지만, 드러커는 그건 오해라고 설명했어. 오히려 이노베이션이 필요한 분야에서 이노베이션을 행하지 않는 것이 가장 리스크가 크다고 말이지."

이노베이션이 필연이고 큰 이익이 필연인 분야, 즉 이노베이션의 기회가 이미 존재하는 분야에서 자원 최적화에 머무는 것만큼 리스크가 큰 일은 없다. 논리적으로 말해서 기업가정신이야말로 가장 리스크가 작다. 기업가정신의 리스크에 관한 통념이 잘못되었다는 사실을 알려주는 기업가적인 조직은 우리 주변에 얼마든지 있다.

마미가 읽어준 문장을 듣고 사쓰키가 맞장구쳤다.
"책 첫머리에 나온 '변화를 이용하는 자'라는 부분에도 이런 말이 쓰여 있었어."

기업가는 질서를 파괴하고 해체하는 사람이다. 슘페터가 밝혔듯이 기업가의 책무는 '창조적 파괴'다.

"그렇게 보면, 야구부를 '매니지먼트를 배우기 위한 조직'

이라고 정의하는 게 옳을지도 몰라. 그야말로 틀림없이 질서를 파괴하고 해체하는 일이니까 말이지. 고교야구 100년의 역사와 전통을 '창조적'으로 '파괴'하는 일이잖아."

마미가 고개를 끄덕였다.

"주제에서 약간 벗어날지도 모르지만, 야구부를 매니지먼트를 배우기 위한 조직으로 정의하자고 생각했을 때 피터 드러커가 제창한 민영화가 떠올랐어."

"민영화? 민영화라면 국영이었던 일본전신전화공사가 주식회사 NTT가 된 일이나 국철이 JR로 바뀐 거 말이야?" 요코가 물었다.

그 말에 마미는 대답했다.

"응. 민영화란 실은 드러커가 고안한 말이야."

민영화는 내가 《단절의 시대》(1969년)라는 책에서 만들어낸 조어이다.

"민영화에 관해서 드러커는 이렇게 말했어."

우리에게는 자본 형성에 도움이 되는 사업, 즉 이익을 올리는 사업으로 운영할 수 있는 조직을, 자본을 소비하는 사업이나 비영리사업으로 운영할 여유가 없다.

"무슨 의미야?"

"응. NTT도 JR도 민영화되기까지는 국민의 세금으로 운영되는, 이른바 비영리사업이었어. 하지만 피터 드러커는 모처럼 이익을 올릴 수 있는 사업인데 그것을 비영리로 하는 것은 아깝다, 우리 사회에 그럴 여유는 이제 없다고 주장한 거야."

"분명히 전화도 철도도 자체에서 이익을 창출할 수 있는 사업이지."

요코의 말에 마미는 고개를 끄덕이며 말을 이었다.

"나는 그 말이 고교의 부 활동에도 적용될 수 있을 거라고 생각해."

"어떻게?"

"고교의 부 활동은 말이야, 지금까지는 선생님과 학교, 또는 지역이나 고교야구연맹이라는 단체에서 어른들이 관리하고 운영하는 조직이었잖아? 즉, 어른이 매니지먼트를 하는 자리였어."

"응. 듣고 보니 그러네."

"하지만 그렇게 하기엔 아깝다는 생각이 들어."

"어째서?"

"모처럼 고교생이 매니지먼트를 체험할 수 있는 절호의 기회인데 그걸 어른들에게 맡겨둘 여유는 이제 우리에게 없지 않을까? 다시 말해서 이건 야구부 '민영화'라고 생각해."

"야구부 민영화라! 그거 참 흥미로운걸!" 하고 고헤이가 나섰다. "'매니지먼트를 학생들의 힘으로!'라는 말이지?"

그 말을 들은 요코가 잠시 생각하더니 갑자기 손바닥을 탁 쳤다.

"나, 알았어. 이게 바로 매니지먼트를 배우는 일인 거지?"

"응? 무슨 뜻이야?" 하고 묻는 고헤이에게 요코는 느닷없이 씩 웃어 보였다.

"매니지먼트는 어설픈 마음가짐으로는 할 수 없다는 거, 그걸 알게 되었어요. 물론 배우는 게 힘들 거라고 각오는 하고 있었지만 설마 이 정도일 줄은 생각하지 못했거든요."

그러고 나서 한숨 돌리더니 다시 말을 이었다.

"매니지먼트를 배우고 있으면 저, 가슴이 진정되질 않아요. 너무 불안해지기도 하고요. 심장이 마구 방망이질을 하고 식은땀까지 나요."

요코는 잠시 말을 끊었다가 다시 미소를 지었다.

"하지만 정말 즐거워요! 기대감으로 두근두근해요. 맞아요, 저, 이런 걸 원했던 거예요."

그러자 사쓰키가 농담을 했다.

"아, 치사해. 혼자만 뜨거운 청춘을 맛보다니."

그 말에 모두 웃음을 터뜨렸다.

하지만 그중 단 한 사람, 유메만은 웃지 않았다. 유메는 불안해서 가슴이 조이는 것 같았다. 야구부 매니저가 되겠다고 말했을 때, 처음에는 가벼운 마음이었다. 지금까지 매니저는 그저 공을 닦고 야구용품을 정리하면 되는 거라고 믿고 있었다. 기껏해야 《모시도라》에 나오는 것처럼 야구부 경영을 도와주는 일쯤으로 생각한 것이다.

그런데 이 야구부에서는 선수가 아니라 매니저가 주역이라고 한다. 설령 주위 사람들에게 머리가 어떻게 된 거 아니냐고 비웃음을 당하더라도 그것이 이노베이션의 기회라면 진지하게 몰입해야 한다고 강조한다.

유메는 그렇게까지 말하는 의미를 솔직히 잘 이해할 수가 없었다. 지금 이대로 충분히 즐거울뿐더러 만족스럽지 않은가. 유메는 마미와 즐겁게 지낼 수 있다면 그걸로 충분했다. 더 이상은 아무것도 바라지 않았다. 그러므로 변화를 바라는 마음은 아무래도 들지 않았다.

다만, 자신에게 무척 소중한 마미가 변화를 바라고 있었다. 물론 마미가 바라는 대로 순순히 따라주고 싶었다. 하지만 그 바람과 어긋나는 자신의 진짜 속마음이 유메의 가슴을 헤집는 듯이 아프게 했다. 그래서 큰 불안을 느끼고 있었던 것이다.

하지만 이 일은 누구에게도 털어놓을 수 없었다. 그런 말을 했다가는 한껏 달아오른 분위기에 찬물을 끼얹을 게 분명했다. 이런 고민이 유메의 마음 깊숙한 곳에 자리 잡았고 이 사실이 그녀의 불안을 한층 더 부추겼다.

제3장

유메,
야구부 민영화에 착수하다

9

 며칠 뒤, 사립 아사가와 고교에 신임 교사로 부임한 호조 아야노는 학교 건물 복도를 잰걸음으로 걸어가고 있었다. 야구부 회의에 참석하기 위해서다.
 어제 매니저인 고다마 마미가 찾아와 이렇게 부탁했다.
 "내일 혹시 시간이 된다면 회의에 참석해주셨으면 해서요."
 그래서 아야노는 "음, 아…… 응. 물론이지" 하고 그 자리에서 수락했다.
 신임 교사는 할 일이 무척 많다. 우선 업무를 파악하고 익히는 데 시간이 많이 걸린다. 물론 가장 힘든 일은 수업을 하는 것이지만, 그 밖에도 많은 교사나 학생들과 하나하나 관계를 구축해나가야만 한다. 그런 일도 결코 쉽지 않을뿐더러 시간이 상당히 걸렸다.

하지만 아야노는 열 일 제쳐두고라도 야구부 회의에는 꼭 참석하고 싶었다. 아야노는 바로 그 일을 하기 위해서 교사가 되었기 때문이다.

아야노는 고교 2학년 때 고시엔 대회에 매니저로 출전했다. 그것은 강렬한 경험이었다. 인생관을 크게 바꿔놓은 사건이기도 했다. 매니지먼트의 힘으로 조직이 달라지는 현장을 목격했던 것이다. 틀림없이 '극적'인 변화였다. 아야노는 그 드라마에 완전히 매료되었다. 그전까지의 인생에서는 한 번도 맛보지 못했던 짜릿한 경험이었다.

그 후 아야노는 점점 더 매니지먼트에 빠져들었다. 그래서 3학년이 되자 이번에는 자신이 매니지먼트 책임자가 되었다. 그런데 그때 커다란 벽에 부딪혔다. 이제까지와는 반대로, 하는 일마다 잘되질 않았던 것이다.

아야노는 자신의 매니지먼트가 그때까지와 큰 차이가 없다고 여겼다. '사람이 최대의 자산이다'라는 피터 드러커의 사고를 바탕으로 부원들을 활용하려고 했다. 각 부원들이 가진 강점을 발휘시키는 데 매니지먼트를 집중했다. 또한 진지함을 관철하려고 애썼다.

하지만 좀처럼 성과가 나질 않았다. 성과가 나지 않으면 사기도 오르지 않는다. 야구부 분위기는 또다시 침체되었다. 결국은 무단으로 연습에 빠지는 부원들도 나타나기 시작했다. 분위기가 흐트러지자 착실한 부원과 그렇지 않은 부원 사이에 깊은 골이 생겨났다. 아야노는 그들의 갈등을 조정하느라 정신없이 바빴다. 언쟁이 벌어진 부원들 사이를 중재하거나 모두의 마음을 살피느라 많은 시간과 노력을 할애했다. 그 탓에 정작 매니저 본연의 임무인 마케팅과 이노베이션에는 소홀해질 수밖에 없었다.

이런 과정이 결국 시합에도 영향을 미쳤다. 마지막 여름에 치러진 지역 예선에서 호도쿠보 고교는 전년도 우승팀인데도 첫 경기에서 일찌감치 패하고 말았다. 그 사건으로 인해 아야노는 마음에 구멍이 뻥 뚫린 것만 같았다.

"작년에는 그렇게나 잘되던 매니지먼트가, 올해는 왜 잘되지 않은 걸까?"

이것은 큰 의문으로 남았다.

아야노는 대입 시험이 끝나 시간에 여유가 생기자 다시금 고시엔 대회에 나갔을 때의 매니지먼트를 되돌아보기로 했다. 기왕이면 철저하게 되짚어보려고 관계자들을 취재하고 인터뷰를 시도했다. 조사하고 분석한 뒤에는 문장으로 정리했다. 그때 자신이 수집한 자료의 내용을 전하는 데 가장 적

절한 방법이 무엇인지 생각했고, 그 결과 소설 형식으로 정리하기로 결정했다. 그렇게 완성된 원고가 우연한 계기로 출판사의 편집자 눈에 띄어 책으로 출판되었다. 그리고 순식간에 베스트셀러가 되어 큰 화제를 모았다. 그 책이 바로《모시도라》였다.

그 뒤 아야노의 인생도 적잖이 달라졌다. 다만 그와 별개로 아야노에게는《모시도라》를 쓰면서 한 가지 깨달은 점이 있었다. 매니지먼트가 제 기능을 다한다고 해서 그 이유만으로 팀이 잘되는 게 아니라는 사실이다. 거기에는 또 하나 간과해서는 안 될 중요한 요소가 있었다. 바로 '성장'이다. 호도쿠보 고교는 아야노의 선배인 가와시마 미나미가 매니저를 맡고 있던 일 년 동안에 팀을 구성하고 있는 부원 대부분이 어떤 형태로든 성장을 이루었다. 바꿔 말하자면 그때 각자 자신의 약점을 극복해냈다.

우선 가치 마코토 감독이 크게 성장했다. 그에게는 학생과 소통하는 일이 두려워서 정면으로 마주하지 못한다는 약점이 있었다. 하지만 미나미는 굳이 그 약점을 극복하라고 강요하지 않았다. 약점을 알면서도 일부러 모르는 척하면서 조직 안에서 중화하려고 했다. 그러기 위해서 자신이 통역자가 되어 감독과 학생 사이를 자연스레 중재했다.

팀 안에 심각한 불화가 생겼을 때는 연극을 꾸며서라도 상황을 해결하려고 했을 정도다. 그런데 그때 예상외의 일이 벌어졌다. 미나미의 속 깊은 배려를 눈치챈 가치 감독이 스스로 자신의 약점을 극복하고자 했던 것이다. 감독은 있는 힘껏 용기를 내 학생들과 마주했다.

  에이스 투수인 아사노 게이치로 또한 크게 성장했다. 그에게는 성질이 급해 자신의 감정을 제대로 조절하지 못한다는 단점이 있었다. 하지만 미나미는 이 또한 억지로 고치려 들지 않았다. 단지 그것을 약점으로 인식하고 조직 안에서 중화할 수 있도록 유도했을 뿐이다. 그러자 이번에도 게이치로 자신이 그 약점을 극복하려고 했다. 결국 그는 어떤 사건을 계기로 인내심 강한 인간으로 다시 태어났다. 이후로는 누구보다도 끈기 있게 연습해 팀 승리에 크게 공헌했다.

  그뿐만 아니다. 다른 누구도 아닌 바로 아야노 자신이 크게 성장했다. 그녀에게는 커뮤니케이션이 서툴다는 단점이 있었다. 게다가 사람들과 대할 때 조금만 불편하거나 어색하면 바로 도망가버리는 나쁜 버릇도 있었다. 아야노는 스스로 그 약점을 잘 알고 있었다. 그런 자신이 싫었다. 하지만 고치려고는 하지 않았다. '원래 내 성격이 그러니까' 하며 체념하고 방치했다. 늘 도망치기에만 급급했다.

  그런데 아야노 또한 어떤 일을 계기로 자신의 약점을 극복하기로 했다. 그래서 나중에는 충분하지는 않지만 다른 사람과 어떻게든 대화를 나눌 수 있게 되었다. 적어도 도망치는 일만은 절대로 하지 않게 되었다. 아야노는 '나는 왜 스스로 약점을 극복하려고 한 걸까?' 하고 돌이켜 생각해보았다.

그러자 그 계기에 가와시마 미나미라는 인물이 있었다는 사실에 생각이 미쳤다. 미나미 선배와 함께 일하면서 자신의 약점을 극복하고 싶다는 생각이 간절해졌던 것이다.

가와시마 미나미는 결코 다른 사람의 약점에 주목하지 않았다. 오직 그 약점을 완화시키는 데만 온 힘을 다했다. 그 모습은 피터 드러커가 '매니저에게 반드시 필요한 자질'이라고 말한 바로 '진지함' 그 자체였다.

미나미라는 사람을 겪는 동안에 아야노는 마침내 자신이 부끄러워졌다. 약점을 극복하지 못한 채 팀에는 아무런 도움이 되지 못한다는 사실이 아무래도 견딜 수 없었다. 그래서 더 이상 나약한 모습으로 지내서는 안 되겠다고 판단하고 자신을 바꾸기로 마음먹었다.

아야노가 자신의 약점을 극복한 데는 계기가 있었다. 미나미 선배가 부원들의 '강점을 살리려는 매니지먼트'를 실행한 일이 오히려 개개인에게는 '약점을 극복하는 계기'가 되었던 것이다.

다시 되돌아보니 아야노 자신이 주도했던 매니지먼트에서 부족했던 것은 바로 이 점이었다. 아야노도 미나미 선배와 마찬가지로 부원들의 약점에는 주목하지 않았다. 하지만 아야노는 결국 그들에게 약점을 극복할 수 있는 계기를 만들어주지는 못했다. 그래서 팀도 성장을 이루지 못했던 것이다. 그 사실을 깨닫고 나서 아야노의 마음속에는 '성장'이 중요한 테마로 자리 잡았다.

'사람은 어떻게 해야 성장하는 걸까?' 아니 더 정확히 말하자면 '사람은 어떻게 하면 약점을 극복할 수 있을까?' 하는 물음이 끝없는 관심의 대상이 되었다.

그때부터 아야노는 교사가 되자는 목표를 세웠다. '사람은 어떻게 성장하는가?'라는 의문은 이제 아야노에게는 커다란 수수께끼였다. 피터 드러커의 책을 아무리 읽어도 그 의문에 대한 해답은 얻을 수 없었다.

물론 피터 드러커도 많은 저술을 통해 교육에 관한 뛰어난 식견을 남겨놓았다. 셀프 매니지먼트와 지속 학습에 평생 몰두한 까닭에 여러 책에서 흥미 있는 내용을 찾아볼 수 있었다. 하지만 미숙한 인간이 자신의 약점을 극복하는 방법에 관해서는 이거다 싶은 해답을 끝내 찾아내지 못했다.

아야노는 그 답을 찾기 위해 교사의 길을 걷기로 했다. 아사가와 고교에 부임한 것도 그런 연유에서다. 아야노는 자신이 매니저로서 풀지 못한 숙제를 이 학교에서 완수하고 싶었다. 그렇기에 아무리 바빠도 야구부 일은 우선으로 생각하고 있다. 마미가 야구부 회의에 참석해달라고 부탁했을 때도 주저하지 않고 승낙했다.

10

 이윽고 아야노는 야구부 회의가 열리고 있는 건물 1층 서쪽 끝에 있는 작은 교실에 도착했다. 안으로 들어서자 이미 여섯 명의 매니저들이 모여 회의를 진행하고 있었다. 아야노는 방해되지 않도록 맨 뒷자리에 앉아 학생들의 말에 귀를 기울였다.
 아야노는 어제 마미에게 이런 말을 들었다.
 "저희는 야구부 민영화에 착수하려고 해요."
 "민영화?"
 "네. 야구부를 '매니지먼트를 배우기 위한 조직'으로 만들고 싶어서요."
 그 말에 아야노는 약간 놀랐다. 그러고는 곧바로 '그것 참 재미있네!' 하고 생각했다. 고다마 마미라는 학생에게는 독특한 발상력이 있었다. 피터 드러커의 개념을 현실로 구현하는 뛰어난 구상화 능력이다.
 피터 드러커의 《매니지먼트》는 매우 추상적인 데가 있었다. 그렇기 때문에 드러커의 이론을 실제로 활용하기 위해서는 반드시 구상화를 할 필요가 있었다.

아야노는 종종 이것을 '건조식품을 물에 불린다'고 표현했다. 피터 드러커의 가르침은 건조식품과 마찬가지로 불필요한 부분을 제거하고 중요한 부분만 골라낸 것이다. 하지만 그대로 먹을 수는 없기 때문에 물에 불려 부드럽게 만들어야 한다.

마미는 피터 드러커가 주장한 이론을 부드럽고 이해하기 쉽게 만드는 구상화에 재능을 나타냈다. 그런 점에선 호도쿠보 고교를 고시엔 대회 출전으로 이끈 미나미와 통하는 데가 있었다.

아야노는 마미를 비롯한 매니저들이 하는 방식을 한동안 지켜보기로 했다. 이 방법은 아야노가 야구부 부장이 되었을 때 스스로 부여한 주제이기도 했다. 또한 미나미 선배가 아주 잘하던 방법이다. 아야노가 고교 2학년일 때 미나미 선배는 부원들을 '지켜보는' 방식으로 매니지먼트했다. 방향성만 제시할 뿐 구체적인 지시를 하는 일은 거의 없었다. 그런 방식의 매니지먼트는 큰 성과를 거두었다. 그래서 아야노는 이번에도 그 방식을 답습하기로 했다.

아야노가 야구부 매니저들의 회의를 들어보니 이들은 야구부의 '사업'에 관해서 이야기하고 있었다. 앞으로 어떤 사업을 해나갈지 구체적으로 검토하는 중이었다. 내용을 들은 아야노는 무척 흥미롭다는 생각이 들었다.

대부분의 조직은 우선 '해야 할 사업'이 정해져야 그때부터 사람을 모은다. 하지만 아사가와고 야구부는 먼저 매니저들이 모여 그때부터 해야 할 사업을 결정하고 있었다. 사업에 앞서 우선 사람이 있었다. 세상의 상식과는 반대다.

아야노는 그런 매니지먼트에 관해 책에서 읽은 기억이 났다. 미국의 경영 컨설턴트인 짐 콜린스가 쓴 《비저너리 컴퍼니 2-비약의 법칙》이라는 책이었다.

콜린스는 피터 드러커와도 친분이 깊었던 경영학자로, 드러커의 후계자라고도 할 수 있는 인물이다. 그런 그가 이 책에서 "위대한 기업은 우선 사람을 모은 뒤에 사업을 결정한다"라는 조사 결과를 발표했다. 이 고찰은 지금까지 일반적으로 알고 있는 것과는 정반대였다. 대개 사업을 결정하고 나서 사람을 모으는 것이 상식으로 여겨졌다. 그래서 많은 사람들이 충격을 받았다. 콜린스는 이에 그치지 않고 더욱 충격적인 발언을 했다.

위대한 기업으로 비약하는 데 있어 인재는 가장 중요한 자산이 아니다. 적합한 인재야말로 가장 중요한 자산이다. (《비저너리 컴퍼니 2-비약의 법칙》)

콜린스는 이렇게 드러커가 남긴 '사람이야말로 가장 큰 자산'이라는 유명한 말을 넌지시 부정했다.

대학교 시절에 이 문장을 읽은 아야노는 큰 충격을 받았다. 더구나 드러커와 가까운 사이였던 짐 콜린스가 한 말이어서 더욱 충격이었다.

콜린스는 부적합한 인재는 조직의 발목을 잡는다고 강조했다. 아야노는 어떤 면에서는 그 말이 맞을지도 모른다고 생각했지만, 감정적으로는 좀체 받아들이기 어려웠다.

이후 그 말은 마치 목에 걸린 가시처럼 아야노의 마음속에 줄곧 박혀 있었다. 그래서 이때도 마미를 비롯한 학생들이 '우선 사람을 정한 뒤에 사업을 결정한다'는 매니지먼트를 추구하는 모습을 보고 바로 콜린스를 떠올렸다.

야구부 회의가 일단락되자 아야노는 매니저들에게 질문을 던졌다.

"왜 사업에 관해 이야기하고 있는 거지?"

고헤이가 대표로 대답했다.

"저희는 이 야구부를 벤처기업으로 생각하고 있어요."

"벤처기업?"

"네, 우리 야구부는 창설된 지 25년이나 지났고 고시엔 대회에도 진출한 적이 있는데 작년까지 오랫동안 휴부 상태였어요. 그동안 문화와 전통을 모두 잃어버렸기 때문에 이제는 벤처기업, 즉 신흥조직이나 다름없다고 생각했죠."

"옳은 말이네."

"그런데 마침 《이노베이션과 기업가정신》에서 '벤처기업의 경영관리'에 관해 쓴 글을 찾아냈어요."

벤처기업에는 아이디어가 있다. 제품과 서비스가 있고 매출도 있다. 때로는 상당한 매출을 올리기도 한다. 분명히 비용이 들 것이다. 수입이 있고 이익을 올릴 수도 있다. 하지만 확립된 사업이 없다. 영원히 지속될 수 있는 활동으로서의 사업이 없다. 어떤 일을 실행하고 어떤 성과를 낼 것인지를 명확히 규정한 사업이 없다.

"저희는 이 글을 읽고 우리 야구부에도 사업이 없다는 사실을 깨달았죠. 그래서 우선은 사업을 확립하는 일부터 시작해야겠다고 생각했어요. 아까는 그 사업을 무엇으로 할지에 관해 이야기를 나누었어요."

"오, 그래, 뭘 할지 결정했어?"

"네. 시간이 좀 걸렸지만 방금 전에 결정했어요."

"대단한걸. 나한테도 알려주렴. 과연 그게 뭘까?"

"그전에, 우선은 그렇게 결정한 경위부터 말씀드려도 될까요?"

"물론이지."

"감사합니다" 하고 미소를 지으며 마미는 이야기를 시작했다.

"저희는 우선 《이노베이션과 기업가정신》에서 이 부분에 주목했어요."

벤처기업이 성공하는 데는 네 가지 원칙이 있다. 첫째, 시장에 초점을 맞춘다. 둘째, 재무 예측 능력, 특히 현금 흐름과 자본 수요에 관한 계획을 세운다. 셋째, 최고경영자팀을 구성하되 실제로 필요한 시점이 다가오기 훨씬 전부터 준비한다. 넷째, 창업자는 기업에서 자신의 위치와 역할, 그리고 책임을 분명히 결정하고 인식한다.

"이 내용이 벤처기업에 관한 부분에 나와 있어요. 그중에서도 저희는 특히 마지막에 언급된 '창업자는 기업에서 자신의 위치와 역할, 그리고 책임을 분명히 결정하고 인식한다'는 원칙에 주목했어요."

"왜지?"

"피터 드러커는 이 단락에서 벤처기업 '창업자의 역할'에 관해 상당한 분량을 할애해서 설명하고 있어요. 그래서 그 이유를 생각해봤거든요."

"흐음, 그 이유가 뭔데?"

"그건, 벤처기업이 성장하면 자연히 매니지먼트 방법도 달라지기 때문이죠. 그래서 미리 대비하고 준비해두어야 시기를 놓치지 않는다는 게 드러커의 주장이에요."

"옳은 말이야" 하고 아야노가 말했다. "그렇다면 셋째 원칙인 '최고경영자팀을 실제로 필요한 시점이 다가오기 훨씬 전부터 구성해둔다'는 말도 꼭 들어맞는군."

"네" 하고 마미는 싱글 웃었다. "그래서 이 말은 우리 야구부의 매니지먼트에도 딱 들어맞는다고 생각했어요."

"무슨 뜻이지?"

"우리가 소속된 야구부라는 조직을 매우 특수한 조건으로 매니지먼트해야 한다는 뜻이에요. 바로 그 점이 벤처기업 매니지먼트와 똑같고요."

"벤처기업 매니지먼트와 똑같다는 건, 변화에 대한 대응이 중요하다는 의미인 거니?"

"맞아요. 역시 아야노 선생님은 다르셔!" 마미가 환하게 웃었다. "고교야구부에는 구성원이 3년 뒤에 졸업하게 된다는 특수한 조건이 있었던 거예요. 그래서 야구부 매니지먼트에는 항상 변화에 대한 대응과 준비가 필요한 거죠."

"그러네. 옳은 지적이야" 하고 아야노는 감탄하며 고개를 끄덕였다. 그러고는 문득 어떤 생각을 떠올렸다.

바로 고교 3학년 때 자신에게 부족했던 점이 어쩌면 이건지도 모르겠다는 깨달음이었다. 당시 아야노는 변화에 대한 대응과 준비를 하지 못했던 것이다.

아야노가 고교 2학년이었을 때, 여름 대회가 끝나면 미나미를 비롯한 상급생들이 야구부를 떠나야 한다는 사실은 처음부터 알고 있었다. 하지만 아무런 대응과 준비도 하지 못했다. 그러다 막상 상급생들이 졸업하자 크게 당황했고, 그제야 대응이란 걸 하기 시작했다. 미리 준비해서 실행했어야 할 매니지먼트는 뒷전이 되고 말았다. 즉, 아야노도 결국 드러커가 우려했던 실수를 저질렀던 것이다.

그렇게 생각하자 아야노는 당혹스러웠다. 물론《이노베이션과 기업가정신》은 이미 읽은 적이 있다. 하지만 그 점은 미처 깨닫지 못했다. 그에 비해 마미는 이제 막 매니지먼트를 시작했을 뿐인데 그 사실을 알아차렸다. 그리고 앞으로 그 준비에 착수하려고 한다. 실제로《이노베이션과 기업가정신》에는 이렇게 쓰여 있었다.

자신이 무엇을 잘하고 무엇을 못하는지를 자문하는 일이야말로 벤처기업에서 성공의 징조가 엿보일 때 창업자인 기업가가 진지하게 생각해야 할 과제다. 하지만 본래는 그보다 훨씬 전부터 생각해두어야 할 일이다. 어쩌면 벤처기업을 시작하기 전에 생각해야 할 일인지도 모른다.

이 말대로 마미는 '벤처기업을 시작하기 전'부터 변화에 대한 대응과 준비를 시작하려는 것이다. 아야노는 진심으로 감탄했다.
"굉장해! 그런 것까지 알아차리다니!"
그러자 마미는 아무 일도 아니라는 표정으로 대답했다.
"아니에요. 알아차린 게 아니라 책에 다 쓰여 있는걸요. 저희는 단지 그것을 읽었을 뿐이에요."
그러면서 마미는 갖고 있던 《이노베이션과 기업가정신》을 들어 보였다.
아야노는 한 방 맞은 듯한 기분이었다.
"음, 아, 응……, 역시!"

II

아야노 선생님이 당황해서 허둥대는 모습을 보고 학생들은 쿡쿡 웃음을 터뜨렸다. 하지만 아야노는 그런 반응에는 익숙해져 있었기 때문에 주눅 들지 않고 마미에게 계속 질문을 던졌다.

"그러면 중요한 그 사업은 어떤 것으로 결정했지? 그 얘길 아직 못 들었네."

그러자 이번에는 요코가 손을 들었다.

"네, 그건 제가 설명할게요."

"좋아."

"야구부의 사업, 그건 '인재 확보'예요."

"인재 확보?"

"네. 야구부라는 조직에는 3년이 지나면 구성원이 졸업을 한다는 특수한 조건이 있어요. 그래서 항상 새로운 구성원을 보충해야 하죠. 당연히 인재를 확보하는 일이 중요한 사업이라고 생각했어요."

"거기엔 다른 이유가 하나 더 있어요" 하고 고헤이가 보충 설명을 했다.

"드러커가 말한 '벤처기업이 성공하는 데 필요한 네 가지 원칙' 중에서 둘째로, '현금 흐름과 자본 수요에 관해 계획을 세운다'는 말이 있는데, 우리 학교 야구부에는 돈이야 물론 필요하지만 그렇게 중요하지는 않다고 의견을 모았어요. 그래서 영리기업의 돈이라는 가치에 견줄 만큼 우리에게 중요한 건 무엇인지 생각해보았을 때, 그건 역시 '인재'가 아닐까 하는 결론에 이르렀죠. 무엇보다 야구부는 부원이 존재해야 성립되니까요. 그래서 시험 삼아 이 '현금 흐름과 자본 수요'

라는 부분을 '인재'로 바꾸어보았더니 정말로 딱 들어맞더군요. '우리 야구부는 인재에 관한 계획을 세우는 것이 중요하다'는 말이 되지요."

"예전에도……" 하고 마미가 설명을 도왔다. "인재를 어떻게 확보할지는 의제로 올라 있었어요. 무엇보다 야구부원은 아직 저희 매니저들밖에 없고, 선수는 한 명도 없잖아요. 지금부터 선수를 모집해야 하니까 우리에게 인재 확보는 원래부터 여러 가지 의미로 중요했어요."

그 말을 들은 아야노는 자신도 모르게 소리를 높였다.

"옳거니!"

"네?" 마미는 아야노 선생님의 큰 목소리에 놀라서 약간 주춤했다. 하지만 아야노는 아랑곳하지 않고 말을 계속했다.

"그런 걸 두고 아이디어라고 하는 거야."

"아이디어요?"

"응. 닌텐도의 게임 디자이너로서 유명한 게임을 여러 개 탄생시킨 미야모토 시게루는 아이디어를 '여러 가지 문제를 한 번에 해결하는 것'이라고 정의했어. 일석이조(一石二鳥)가 중요하다는 말이지."

"그렇군요."

"닌텐도는 게임워치라는 휴대형 액정 게임기를 개발하면서 옛날식 액정을 사용했어. 가격이 저렴하고 고장이 적다는 일석이조의 장점 때문이지. 닌텐도 개발자였던 요코이 군페이가 제창한 '안정된 기술의 수평적 사고'라는 아이디어이기도 해. 그런 아이디어가 게임워치를 크게 히트시키는 전자게임의 이노베이션으로 이어진 거야."

"아!"

"마찬가지로 '인재 확보'라는 야구부 사업은 일석삼조의 의미가 있어. 첫째로 '변화에 대한 대응과 준비', 둘째로 '인재에 관한 계획 수립', 그리고 셋째로 '선수 확보'지. 그런 의미에서 이건 정말 멋진 아이디어라고 할 수 있어."

아야노 선생님의 설명을 들은 매니저들 사이에 안도하는 분위기가 퍼졌다. 그들에게도 과연 인재 확보를 사업으로 확정해도 좋을지 어떨지, 약간의 불안감이 있었기 때문이다. 하지만 아야노 선생님에게 보증을 받음으로써 자신들의 의지를 굳힐 수 있었다.

그날부터 아사가와고 야구부는 '인재 확보'를 기간 사업으로 정하고 야구부를 경영하기로 했다.

야구부는 이제 '어떻게 인재를 확보해나갈 것인가'에 관해 의논했다.

우선은 '어떻게 선수를 모을까?'라는 현안을 검토했다. 야구부는 이때 매니저들 수만 벌써 여섯 명이었지만 선수는 아직 한 명도 들어오지 않았다.

매니저들은 이때도 피터 드러커의 《이노베이션과 기업가정신》을 기준으로 삼아 그 방법을 고민했다. 벤처기업이 성공하기 위한 네 가지 원칙 중에서 '시장에 초점을 맞춘다'라는 조항을 먼저 참고했다.

'시장에 초점을 맞춘다'는 것은 고객의 니즈에서 출발한다는 뜻이다. 매니저들은 선수를 모으기 위한 '방법'은 나중에 의논하기로 했다. 그보다도 먼저 '고객의 니즈', 즉 야구를 하고 있는 중학생들은 어떤 야구부에 들어가고 싶어 하는지를 생각해보기로 했다. 그것을 알게 된다면 방법은 저절로 결정되기 때문이다.

그래서 모두 '야구를 하고 있는 중학생은 어떤 고교에 들어가고 싶어 하는가?'에 관해 의견을 나누었다. 그러자 단순한 결론이 떠올랐다. 너무 쉬워서 생각하고 말 것도 없을 정도였다. 바로 '고시엔 대회에 출전할 수 있는 고교'였다.

대부분의 야구 소년은 모두 고시엔 대회를 꿈꾼다. 그러므로 고시엔에 나갈 수 있는 고교라면 야구를 하고 있는 대부분의 중학생들이 들어가고 싶어 한다.

게다가 그건 아사가와 고교의 숨은 전통이기도 했다. 25년 전 야구부를 창설할 때 학교는 야구부 강화를 학생 모집의 중요한 시책으로 내세웠다. 야구부가 고시엔 대회에 출전한다면 그 사실만으로도 홍보가 되어 새로운 학생을 모집할 수 있었기 때문이다. 그래서 저명한 감독과 유망한 선수들을 모아 야구부를 강화해나갔다. 당시에는 그 시책이 효과를 거두어 고시엔 대회에 출전하는 쾌거를 이룰 수 있었다. 또한 그 성과를 계기로 많은 학생을 모집하는 데도 성공했다.

하지만 그 뒤로는 당시의 시책과 운영 체계를 유지할 수 없어서 야구부가 잘 운영되지 않았다. 고시엔 대회에 진출하지 못하게 되자 서로 의견이 맞지 않아 내부에 균열이 생겨났다. 이런 상황이 악순환을 초래했고 결국은 휴부 상태에 이른 것이다.

그래서 아사가와 고교의 매니저 여섯 명은 '고시엔 대회 출전'을 야구부의 목표로 정했다. 또한 예전의 전철을 밟지 않도록 단지 출전하는 것만이 아니라 '계속해서 출전하는 것'을 또 하나의 목표로 삼았다. 얼핏 당치도 않은 꿈처럼 보일지도 모른다. 어쨌거나 아직 선수가 한 명도 없는 상황에서 단순히 고시엔 대회에 진출하는 것뿐만 아니라 계속해서 진출할 것을 목표로 정한 것이다.

하지만 아사가와 고교 매니저들은 그 목표를 결코 '당치도 않은 꿈'이라고 생각하지 않았다. 되는대로 갑자기 생각해낸 이상이나 희망이 아니라, 변화를 찾고 시장에 초점을 맞추는 과정에서 도달한 분석 결과였기 때문이다.

야구부 매니저들은 전에도 한 번 비슷한 경험을 했다. 야구부의 정의를 '매니지먼트를 배우는 조직'이라고 정했을 때, 그것은 겉으로 보기에는 커다란 리스크가 있는 것처럼 여겨졌다. 하지만 실제로는 그런 결정을 내리지 않는 쪽에 훨씬 큰 리스크가 있었다.

그 사실을 확인했기 때문에 이때도 '계속해서 고시엔 대회에 진출한다'는 목표를 순순히 받아들일 수 있었다. 그래서 '그렇다면 어떻게 해야 고시엔 대회에 나갈 수 있을까? 계속 진출할 수 있는 방법은 무엇일까?' 하는 다음 과제로 논의가 옮겨 갔다.

이번에는 크게 나누어 세 가지 과제가 떠올랐다.

1. 야구 잘하는 선수를 어떻게 모을 것인가?
2. 누구를 감독으로 선임할 것인가?
3. 그라운드를 비롯한 환경을 어떻게 정비할 것인가?

우선 첫째 과제로, 고시엔 대회에 진출하기 위해서는 야구 잘하는 선수들을 한 명이 아니라 여러 명 모아야 했다. 야구를 해본 적 없는 사람이나 경험은 있어도 실력이 부족한 사람을 데려와 봤자 그야말로 고시엔 대회 진출은 '당치도 않은 꿈'이 되고 말 것이다. 현실적으로 생각하면, 나름대로 실력 있는 선수들을 모집하지 않는 한 이 목표는 달성하지 못할 것이다.

그래서 지금은 '그렇다면 어떻게 해야 야구 잘하는 선수들이 25년씩이나 활동 정지 상태였던 아사가와 고교에 입학하고 싶게 만들 수 있을까?'를 의논해야 했다. 이와 관련해 크게 두 가지 의견이 나왔다. '뛰어난 지도자'와 '좋은 환경'이 갖추어져 있어야 한다는 것이다.

이것 또한 아사가와 고교가 25년여 전에 채택한 방법이었다. 고시엔 대회에 출전한 적 없는 신설 학교라 할지라도, 우수한 지도자가 있고 좋은 환경이 갖추어져 있다면 야구를 잘하는 선수들은 그 조건을 매력적으로 느껴 입학하려 들 것이다.

그래서 매니저들은 머리를 맞대고 모여 앉아 '어떻게 해야 뛰어난 지도자가 야구부 감독이 되어줄 것인지'와 '어떻게 하면 좋은 환경을 갖출 수 있을지'에 관해 이야기를 나누었다.

하지만 곧 벽에 부딪혔다. 고교생의 힘으로 당장 해결할 수 있는 쉬운 과제가 아니었다. 감독을 선임하는 인사권은 학교에 있다. 또한 그라운드를 비롯한 환경 정비 자금도 학교가 관리하고 있었다. 학생들의 권한으로 손쉽게 움직일 수 있는 일이 아니었다. 실제로 25년 전에도 그 모든 권한을 학교 측이 쥐고 있었다.

하지만 이번 야구부는 민영화가 관건인 만큼 감독 선임과 환경 정비도 학생들 손으로 직접 하고 싶었다. 이런 어려움이 야구부 매니지먼트팀 앞을 가로막았다.

12

며칠 뒤 유메는 여느 때처럼 교실 창밖을 내다보고 있었다. 이날은 봄비가 내렸다. 하지만 유메는 평소와 달리 멍하니 있지 않았다. 오히려 마음속에서 바람이 거세게 불었다. '큰일 났네!' 하고 되뇌면서 긴장한 표정으로 창밖 화단을 내다보고 있었다.

문득 유메는 마음먹고 교실을 나섰다. 건물 입구에서 신발을 갈아 신고서 교실 앞 화단까지 걸어갔다. 화단에는 수국이 가득했다. 지금 막 꽃이 피기 시작한 참이었다. 탐스러운 수국을 바라보면서 유메는 누군가를 기다렸다.

야구부의 매니지먼트 회의는 감독 선임과 환경 정비라는 과제 앞에서 정체된 후, 마미의 제안에 따라 다른 의제로 옮겨 갔다.

이번에는 '최고경영자팀을 어떻게 구성할까?'에 관해 의견을 나누었다. 피터 드러커가 말하는 '벤처기업이 성공하기 위한 네 가지 원칙' 중 셋째인 '실제로 필요해지기 훨씬 전부터 최고경영자팀을 준비한다'는 항목에 따라서였다. 이 의제에 관해서는 회의가 비교적 순조롭게 진행되었다. 현재의 매니저 여섯 명으로 최고경영자팀을 구성한다는 사실이 이미 결정되어 있었기 때문이다.

그래서 이번에는 각자 역할을 정하기로 했다. 피터 드러커가 '자신이 무엇을 잘하고 무엇을 못하는지 묻는 일이야말로 벤처기업에 성공의 징조가 엿보인 시점에 창업자인 기업가가 생각해야 할 문제'라고 기술한 데 따른 것이다.

그래서 매니저들의 장점에 대해 이야기를 나눈 뒤 각자의 역할을 정했다.

우선 리더는 야구부를 재건한 고헤이로 결정했다. 그다음으로 마미는 교섭 능력을 살려 섭외 담당이 되었다. 요코는 아이디어를 잘 떠올렸기 때문에 기획 담당이 되었으며, 뜨거운 청춘을 만끽하고 싶어서 매니저가 된 사쓰키는 주로 현장과 실무를 담당하기로 했다. 그리고 가장 늦게 가입한 기우치 도모아키는 이들 중에서 유일하게 야구에 박식했기 때문에 야구 전략을 담당하기로 결정했다. 이제 유메만 남았다.

그런데 여기서 조금 난항을 겪었다. 유메의 담당 분야만큼은 좀처럼 결정하기가 어려웠다.

"유메는 어떤 일을 잘하고 좋아하지?"

리더로 결정된 고헤이가 이렇게 물어도 유메는 선뜻 대답하지 못했다.

'좋아하는 건 친구인 마미, 그리고 창밖을 내다보는 일이에요. 잘하는 건 특별히 없고요' 하고 사실대로 말할 수는 없는 노릇이었다.

모두가 머리를 짜내고 있을 때 갑자기 마미가 생각났다는 듯 말했다.

"유메는 말야, 인사 업무를 맡는 게 어때?"

유메는 깜짝 놀라 마미의 얼굴을 쳐다보았다. 그리고 당황해서 물었다.

"인사라니, 그게 뭘 하는 건데?"

"글쎄……" 하고 마미는 잠시 뜸을 들이다가 대답했.

"인사는 누가 어디서 일할지 결정하거나, 일이 그 사람에게 맞는지 아닌지를 판단하는 거야. 가령 지금 우리가 각자의 역할을 정하고 있는데, 그것이 옳은지 어떤지 조사해서 바로잡거나 조정하는 일도 인사 담당자 역할이지."

유메는 그 말에 다시 한 번 놀라서 눈을 동그랗게 뜨고는 되물었다.

"그렇게 중요한 일을 내가 어떻게 해?"

하지만 마미는 "그럴까?" 하고 고개를 갸웃했다. "유메한테 잘 맞는 일이라고 생각하는데."

마미의 말을 받아 요코가 말했다.

"나도 찬성이야. 유메에게 딱 어울려."

이어서 다른 멤버들도 이구동성으로 동의하자 뜻밖에 유메를 뺀 모든 인원이 찬성하는 결과가 나왔다. 그래도 유메는 좀처럼 받아들일 수가 없었다. "하지만……" 하고 중얼거리고는 잠시 고개를 숙였다.

그러자 마미가 다시 의견을 냈다.

"그럼 이렇게 생각하는 건 어때?"

"응?"

"'인사'라고 하니까 너무 어렵게 들리는 거지, 이게 바로 '있을 곳을 만드는' 일인걸."

"있을 곳을 만든다고?"

"응. 전에 네가 그랬잖아? 야구부 매니저가 된 건 있을 곳을 만들기 위해서라고."

"어? 아, 으응."

"부원들에게 있을 곳을 찾아주는 일은 그런 사람이 해야 한다고 생각해. 그런 사람이야말로 다른 사람들이 있어야 할 자리에 관해서 잘 알 뿐만 아니라 그걸 자신의 일처럼 여길 수 있잖아."

그러자 모두 "맞아!" 하며 고개를 끄덕였다.

마침내 마미는 이렇게 결론을 지었다.

"다시 말해서 '있을 곳을 만드는 일이 유메가 있어야 할 곳'인 거지."

"있을 곳을 만드는 일이 내가 있을 곳……이라고?"

그 말을 들은 유메는 다시금 마음속에 불이 켜진 듯 따뜻해지는 것을 느꼈다. 아직 불안감이 남아 있기는 했지만 새로 맡은 역할에 한껏 의욕이 솟아났다.

유메는 새삼 마미라는 존재가 얼마나 중요한지를 인식했다. 마미가 아무렇지도 않게 던지는 한마디가 자신을 이렇게 적극적으로 바꾼다는 사실이 참으로 놀라웠다.

'나도 마미처럼 언젠가는 무심코 내뱉는 한마디로 누군가를 적극적인 마음자세로 다잡아줄 수 있으면 좋겠다'는 바람이 생겼다. 마침내 유메는 인사 담당 역할을 받아들였다.

이날 회의는 이렇게 끝났다. 감독과 환경을 어떻게 할지에 관해서는 각자 숙제로 생각해보고 나중에 다시 함께 의논하기로 했다.

그리고 며칠 뒤 열린 회의에서 기획 담당인 요코가 이런 제안을 했다.

"얼마 전부터 마음에 조금 걸리는 일이 있어서 말이야."

"뭔데?" 사회를 맡은 마미가 물었다.

"전에 아야노 선생님이 아이디어에 관해서 말씀하셨잖아? 여러 가지 문제를 한 번에 해결하는 것, 즉 일석이조야말로 아이디어라고."

"응, 그러셨지."

"그렇다면 그라운드 정비가 아이디어에 해당하는 게 아닐까?"

"무슨 뜻이야?"

"우선, 애초에 그라운드를 정비해야만 한다는 게 꽤 오래 전부터 떠오른 현안이잖아?"

"그렇지. 더 이상 지금처럼 잡초가 무성한 채로 내버려둘 수는 없는 데다, 기왕 있는 거 효율적으로 사용하지 않으면 아까우니까."

"그리고 요전번에 유망한 선수를 확보하려면 환경이 정비되어 있어야 한다고 했는데, 이 환경이라는 것도 대부분 그라운드를 가리키는 게 아닐까 싶어."

"맞아! 그라운드가 멋지면 그건 이미 환경이 좋은 상태인 거지."

"그러니까 그라운드를 정비한다는 건 지금 시점에서 일석이조, 즉 아이디어가 되는 게 아닐까 하는 생각이 들었어."

"확실히 그러네!"

요코의 의견에 모두에게서 박수가 터져 나왔다. 요코는 박수소리가 멎기를 기다렸다가 말을 이었다.

"그뿐만이 아니야."

"응?"

"그라운드를 정비하는 것이 방법에 따라서는 이노베이션으로도 연결될 것 같아."

"어떻게?"

"《이노베이션과 기업가정신》에서 '이노베이션의 원리'에 관한 설명을 찾아냈어. 피터 드러커는 이렇게 다섯 가지를 꼽았더군."

1. 이노베이션은 기회를 분석하는 일에서 시작해야 한다.
2. 이노베이션은 이론적인 분석인 동시에 지각적(知覺的)인 인식이다.
3. 이노베이션에 성공하려면 초점을 맞춰 단순하게 해야 한다.
4. 이노베이션에 성공하려면 작게 시작해야 한다.
5. 이노베이션에 성공하려면 처음부터 최고의 자리를 목표로 해야 한다.

"그건 11장에 나오는 내용이네."

"응. 그라운드를 정비하는 일은 이 원리에 따른 거라고 생각했어."

"그렇구나."

"첫째로, 우리는 '기회를 분석'한 결과 그라운드 정비라는 과제에 다다랐잖아?"

"응."

"둘째로, 그것은 '이론적인 분석'이기는 하지만 아직 '지각적인 인식'이라고는 할 수 없어. 머리로 생각했을 뿐, 아직 행동으로 옮기지 않고 있으니까. 따라서 이번에는 그 일을 행동으로 실천할 필요가 있다고 생각해. 다시 말해서, 실제로 그라운드를 정비할 필요가 있지 않을까?"

"과연 옳은 말이야" 하고 마미가 말했다. "해보지 않고서는 알 수 없는 일이 많으니까 말이지."

"그렇지. 그라운드를 정비하는 일은 우리의 이노베이션이 옳은지 아닌지 검증할 수 있는 절호의 기회가 될 거야."

"옳거니!"

"그다음 셋째 원리인데, 피터 드러커는 '초점을 맞춰 단순하게 해야 한다'고 주장하고 있어. 그래서 말인데, 우리가 할 일을 당분간 그라운드 정비에 집중해보면 어떨까 해. 그만큼 초점을 맞춰 단순하게 하는 것이 중요하지 않을까?"

"흐음."

"다음 넷째 원리로는 '작게 시작해야 한다'고 나와 있어.

언뜻 실패했을 때 타격을 줄이기 위해서라고 생각하지만, 이 항목에서도 그라운드 정비는 최적이라고 생각해. 아무리 잡초가 무성하다고 해도 제거하는 데 1년, 2년이 걸리는 건 아닐 테니까 말야. 그러니까 설령 실패하더라도 금세 다시 복원할 수 있어. 그런 의미에서 작게 시작하기에는 꼭 알맞은 일이지."

"그러네."

"그리고 다섯째는 '처음부터 최고의 자리를 목표로 해야 한다'고 되어 있는데, 나는 이게 바로 핵심이라고 생각했어."

"왜?"

"피터 드러커는 이노베이션을 일으키려면 '처음부터 최고의 자리를 노려야 한다'고 강조했어. 우리가 천공의 그라운드를 정비한다면 처음부터 일본 최고의 그라운드를 만들 작정으로 해야 한다는 뜻이야."

"뭐라고?"

결국 요코가 제안한 '아이디어'는 채택되었다. 야구부 매니저들은 사업에 착수하는 첫 번째 과제로 그라운드 정비에 초점을 맞추기로 했다. 그리고 이 그라운드를 일본 최고의 야구장으로 만들자는 목표를 세웠다.

제4장

유메,
야구부 인사 업무에 착수하다

13

천공의 그라운드를 일본 최고의 야구장으로 만들려면 어떻게 해야 할까!

이 문제에 관해 협의하고 있을 때 도모아키가 새로운 의견을 냈다.

"기왕 하는 거니까 꽃을 심는 건 어떨까?"

"어째서지?" 사회자인 마미가 물었다.

"미국에서는 야구장을 볼파크(ball park)라고 불러. 야구장(場)이 아니라 야구공원(公園)인 거지. 천공의 그라운드도 기왕이면 공원처럼 꾸미면 좋을 것 같아서."

"그러네. 공원이라면 꽃이 있어야지. 좋은 생각인걸. 유메!"

"응?" 유메는 갑자기 이름이 불리자 깜짝 놀랐다.

"인사 담당자로서 꽃에 관해 잘 아는 사람을 찾아봐줄래?"

"꽃을 잘 아는 사람? 조경업자를 찾으라는 뜻이야?"

"아니, 우리 학교 학생 중에서 찾아줬으면 해."

"학생 중에서?"

"응. 사실은 어제 야구 잘하는 중학생을 모집하는 방법에 관해서 다시 조사해봤어. 그랬더니……" 하고 마미는 다시 모두를 향해 돌아서서 말했다.

"선수를 끌어들이는 것도 지금은 상당히 어렵다는 걸 알았어."

"어렵다니?"

질문을 던진 사쓰키에게 마미가 대답했다.

"지금은 여러 가지 규칙이 생겨서 중학생에게 직접 야구부 선수 입부를 권유할 수 없대. 그뿐만 아니라 거의 접촉조차 할 수 없게 되어 있나 봐. 특별 전형 제도도 제한되어 있고."

"그래? 우리 학교도 그렇고, 옛날에는 어디든 가능했는데."

"분명히 그래서 여러 가지 문제가 일어난 거겠지. 그러니까 우리가 인재를 확보한다면 그건 어디까지나 아사가와 고교에 입학한 학생들에 한해서야. 야구 잘하는 중학생을 직접 끌어오는 방법을 쓰려면 상당히 소극적일 수밖에 없어."

"그렇겠네."

"그래서 말인데" 하고 마미는 다시 유메 쪽으로 몸을 돌렸다. "그라운드에 꽃을 심는 일은 잘할 수 있는 누군가에게 협조를 얻고 싶어. 그렇다면 역시 아사가와 고교 학생 중에서 찾아주었으면 해. 기왕이면 이 학교에 다니는 800명의 학생들에 대해서 더 상세하게 조사해줘. 무얼 좋아하고 무얼 잘하는지 말이야. 학생들에 관한 주위의 평가를 수집하면 앞으로 '인재 확보'라는 사업에 무척 중요한 정보가 될 테니까."

그렇게 해서 유메는 꽃에 대해 잘 아는 사람을 찾아야 했다. 하지만 그런 사람을 찾는 일이 그리 고생스럽지는 않았다. 이미 점찍어둔 사람이 있었기 때문이다.

바로 아사가와 고교 2학년생인 마쓰바 가에데였다. 유메가 가에데를 알게 된 것은 교실 창밖으로 그녀를 자주 보았기 때문이다.

유메의 교실 창 앞에 화단이 있었는데, 가에데는 항상 화단의 꽃을 손질하고 있었다. 유메가 창밖을 내다볼 때면 꽃을 가꾸고 있는 가에데의 모습이 자주 눈에 들어왔다. 그래서 마미가 '꽃에 관해 잘 아는 사람을 찾아달라'고 부탁했을 때 유메는 곧바로 가에데를 떠올렸다.

다만, 지금까지 가에데와 이야기를 나눠본 적이 한 번도 없었다. 2학년이라는 사실은 알고 있었지만 그 시점에서는 몇 반인지도 이름이 무언지도 몰랐다. 그래서 유메는 화단 앞에서 가에데를 기다리기로 했다. 미리 숨어 있다가 가에데가 오면 말을 걸기로 마음먹었다. 그게 가장 손쉬운 방법이라고 생각했다.

 그날 유메는 화단 앞에서 가에데가 오기를 기다렸다. 유메의 눈앞에 수많은 수국이 피어 있었다. 막 꽃이 피기 시작한 때여서, 유메는 비와 이슬에 젖은 싱그러운 꽃을 넋을 잃고 바라보았다.
 그때 갑자기 뒤에서 누군가의 목소리가 들려왔다.
 "수국 좋아해?"
 유메는 뛰어오를 듯이 놀랐다. 당황해서 뒤돌아보자 그곳에 가에데가 서 있었다.
 "에? 아, 네!" 하고 유메는 자신도 모르게 아야노 선생님처럼 대답했다.
 가에데는 당황한 유메의 얼굴을 뚫어져라 쳐다보더니 이렇게 말했다.
 "난 네가 누군지 알아."
 "네?"
 "1학년이지?"

"네. 맞아요. 오카노 유메라고 합니다."

"저쪽 창가에서 항상 이쪽을 바라보고 있었잖아" 하고 가에데는 유메의 교실을 가리켰다.

"아! 알고 계셨어요?"

"그야 당연하지. 늘 유심히 쳐다보고 있었……, 앗!"

"네? 왜요?"

"너, 혹시……."

"?"

"나한테 꽃 가꾸는 법을 물어보러 온 건 아니지?"

"넷?"

핵심을 찔렸기 때문에 유메는 놀라서 물었다.

"어떻게 아셨어요?"

"꽃 가꾸는 법을 물어보러 오는 사람들이 가끔 있거든."

"그렇군요! 근데 당연해요. 꽃이 이렇게나 예쁘니 말이에요."

"그래? 고마워."

순간 유메는 꽃이 예쁘다고 칭찬을 받았을 때 가에데의 표정이 약간 부드러워진 듯 느껴졌다. 이때다 싶어 틈을 두지 않고 한 번 더 칭찬을 덧붙였다.

"자연은 정말 아름다워요."

이곳에 올 때까지 유메는 가에데를 어떻게 설득해야 할지에 관해 전략을 세웠다. 또 미리 그 방법을 마미와 의논해두었다. 그때 마미는 유메에게 이렇게 말했다.

"앞으로 야구부 경영에서 '설득'이 중요한 열쇠가 될 거야. 야구부 사업을 '인재 확보'로 결정한 이상, 사람들에게 지속적으로 권유를 해야 하는데, 이때 설득을 빠뜨릴 수 없거든."

유메와 마미는 다시금 '설득이란 무엇인가?'에 관해 이야기를 나눴다. 여기서 참고한 것도 피터 드러커의 《이노베이션과 기업가정신》이었다. 책에서 드러커는 이렇게 말했다.

무엇보다도 기업가의 전략은 고객 입장에서의 효용과 가격, 또는 고객 특유의 사정이나 가치에서 출발할 때 성공 확률이 극히 높아진다.

고객에서 출발하는 것이야말로 매니지먼트의 기본 중의 기본이다. 그것은 야구를 잘하는 중학생을 어떻게 확보할 것인지 의논할 때도 마음에 깊이 새겼던 말이다. 그래서 마미와 유메도 고객에서 출발하기로 했다. 즉, 앞으로 권유할 상대의 효용과 가격, 그리고 특유의 사정이나 가치를 찾는 데서 시작한 것이다. 이때 마미는 이렇게 말했다.

"설득은 의뢰가 아냐."

"무슨 뜻이야?"

되묻는 유메에게 마미가 대답했다.

"설득(說得)은 상대에게 득(得)이 된다는 점을 설명(說)하는 일이야. 상대에게 '당신에게는 이만큼의 이득이 생길 겁니다' 하고 가르쳐주는 거지. 결코 자신의 상황에 맞춰 부탁하거나 바라는 게 아니야. '설득'이라는 한자를 보면 잘 알 수 있어."

"정말 그러네! 신기해" 하고 유메는 감탄했다. "그런 걸 어떻게 그렇게 잘 알아?"

"호호, 사실은 아야노 선생님이 말씀해주신 거야."

"뭐야! 하지만 확실히 맞는 말이야."

"그러니까 꽃을 잘 아는 사람의 도움을 바란다면 먼저 그 사람에게 어떤 이득이 있는지 생각해보고 그걸 설명해줘야 해."

두 사람은 꽃에 관해 박식한 사람에게는 어떤 '이득'이 있을지를 다양한 측면에서 생각했다. 하지만 이렇다 할 해답을 좀처럼 찾지 못했다.

그래서 아야노 선생님에게 상담해보기로 했다. 아야노 선생님이라면 무언가 확실한 대답이나, 혹은 힌트라도 알려줄지 몰랐다.

두 사람이 찾아가자 아야노 선생님은 재미있는 이야기를 들려주었다. '가르치는 일'의 효용에 관해서였다. 아야노는 이런 식으로 설명했다.

"가르치는 일 그 자체가 가르치는 사람에게도 이득이 되는 경우가 많단다."

아야노 선생님의 말에 따르면 인간은 원래 누군가가 자신에게 관심을 가져주면 무척 큰 기쁨을 느끼는 존재라고 한다. 진심으로 이야기를 들어주면 매우 기뻐한다. 특히 자신이 좋아하는 일에 관해 설명해주길 원하면 말할 수 없는 기쁨으로 이어지기 마련이다.

"그건 일종의 본능과도 같아" 하고 아야노 선생님이 설명했다. "사람은 원래 그런 거야. 그래서 이쪽에서 뭔가를 배우려고 하기만 해도 상대에게는 득이 되는 거지."

이 내용에 대해서 더욱 자세히 알고 싶다면 데일 카네기의 《인간관계론》이라는 책을 읽으면 된다고 했다.

더불어 아야노 선생님은 이렇게 가르쳐주었다.

"다른 사람에게 무언가를 가르친다는 것은 그 자신이 배우는 일이기도 해."

이를테면 꽃에 관해 잘 아는 사람이 다른 누군가를 가르치다 보면 그 사람 자신에게도 공부가 된다는 뜻이다. 가르치는 일을 통해 자신도 더 많은 공부를 할 수 있는 것이다.

피터 드러커도 그 효용에 대해 누차 강조했다고 한다. 그가 학생일 때 반 친구에게 수학을 가르쳐주었더니 자신의 수학 점수도 올랐다고 한다.

그런 일도 있고 해서 드러커는 일생을 통해 계속해서 가르치는 일에 몰두했다. 평생학습을 강조한 드러커 자신이 끊임없이 배우기 위해서이기도 했다. 가르치는 일과 배우는 일은 결국 같다.

또한 아야노 선생님은 가르치는 일의 셋째 효용에 관해서 이렇게 설명했다.

"예전에 텔레비전에서, 올림픽에서 자신도 메달을 따고 제자도 메달을 딴 사람이 인터뷰하는 걸 본 적 있어. '당신과 제자의 메달 가운데 어느 쪽이 더 기쁩니까?' 하는 질문을 받은 그 사람은 '제자가 승리하는 것이 제가 승리하는 것과는 비교할 수 없을 정도로 기쁘죠' 하고 대답했어. 사람은 제자가 성장하는 것이 자신이 성장하는 것 이상으로 기쁜 모양이야."

그리고 나서 아야노는 두 사람을 번갈아 쳐다보면서 이렇게 결론 내렸다.

"그러니까 그 사람이 좋아하는 것에 관심을 갖고 귀 기울여주고 그 사람에게 배워서, 그렇게 배운 사람들이 성장한다면 분명히 상대에게도 이득인 게 아닐까?"

그때 유메는 이 전략을 실행하려고 결심했고, 마침내 이날 가에데와 이야기를 나눈 것이다.

14

꽃을 칭찬하자 가에데의 표정이 부드러워진 것을 본 유메는 한마디를 덧붙였다.

"자연은 정말 아름다워요."

그렇게 해서 가에데의 '가르침'을 이끌어내려고 했다. 자연의 아름다움을 가에데에게 배우고자 했다. 그런데 그때 유메는 생각지도 못했던 대답을 들었다. 가에데는 이렇게 반문했다.

"과연 그럴까?"

"네?"

"자연이라는 게 정말로 아름다워?"

유메는 당혹스러웠다. 설마 이런 반응이 나오리라고는 생각지도 못했다. 뭐라고 대답해야 할지 몰라 말문이 막혔다.

'저렇게 말하는 걸 보니 분명 가에데 선배가 자연의 아름다움에 의문을 갖고 있는 거겠지? 이럴 줄은 생각도 못했어. 설마 꽃을 좋아하는 사람이 자연을 아름답지 않다고 여길 줄

이야!'

 유메는 자연이 아름답다고 생각했다. 가에데가 올 때까지 수국에 흠뻑 정신을 빼앗기고 있던 것도 그 때문이었다.

 하지만 지금은 어설프게 동조하는 척하지 않는 게 좋겠다고 생각했다. '거짓말을 했다가는 오히려 신용을 잃고 말거야.'

 그래서 할 수 없이 이렇게 대답했다.

 "네에. 저는 자연이 아름답다고 생각해요."

 그러자 가에데가 물었다.

 "사람들이 아름다운 자연이라고 표현할 때 가장 많이 드는 예가 어떤 경치인 줄 알아?"

 "어떤 경치냐고요? 글쎄요……" 하고 유메는 잠시 생각한 뒤에 대답했다.

 "음, 뭐……, 저 멀리 산이 있고 아래로는 논밭이 펼쳐져 있고 꾀꼬리 노랫소리가 들려오는……. 뭐, 그런 옛날이야기에 나올 법한 경치 아닐까요?"

 그러자 가에데는 의외라는 표정으로 말했다.

 "맞았어. 잘 아네."

 "정말이요? 기분 좋은데요."

 "사람들은 흔히 산골 마을의 경치를 보며 아름다운 자연이라고들 하지. 그런데 알고 있어? 그 산과 들도 결국 인간의 영향을 받았다는 걸."

"엣! 그런가요?"

"그렇지. 논도 인간만 만들 수 있어. 산도 그래. 인간이 나무를 심거나 베면서 비로소 그런 경관이 만들어지는 거지. 산과 들도 최근에는 가꾸고 돌보는 사람이 적어져서 점점 황폐해지고 있어. 그래서 아름다운 자연을 잃어가고 있다며 한탄하는 사람들이 있지만, 오히려 이상해. 그런 현상이야말로 차츰 자연으로 돌아가는 일이니까 말이야."

"알 것 같아요."

"결국 말이야, 인간은 있는 그대로의 자연이 아름답다고는 생각하지 않아. 그보다는 어느 정도 사람의 손을 거친 인공적인 자연을 아름답다고 여기기 마련이지."

"그렇군요."

그런 사고방식은 접해본 적이 없어서 유메는 내심 놀랐다. 그녀는 지금까지 아무런 의심 없이 자연을 아름답다고만 여기고 있었다. 하지만 가에데는 다른 시각으로 바라보고 있다. 게다가 가에데는 이런 질문을 덧붙였다.

"왜 인간은 인간의 손을 거친 자연을 아름답다고 느끼는지 알아?"

"아니요. 모르겠는데요."

"그건 말이지, 인간이 혼돈을 싫어하기 때문이야. 인간은 어수선한 걸 보면 본능적으로 싫어하거든. 무의식적으로 더럽다고 느끼는 거지."

"그래요?"

"응. 그 혼돈을 정리해서 질서를 부여하고 나면 비로소 아름답다고 느끼고 좋아하게 되는 거야. 마을의 산천도 그렇고 이 화단도 마찬가지고 말이지."

"이 화단도요?"

"화단에는 질서가 있어. 그래서 아름답다고 느끼는 거야."

그 말을 듣고 유메는 문득 '마을의 산천'이나 '화단'이 '매니지먼트'와 꽤 비슷하다는 생각이 들었다. 매니지먼트도 혼돈한 인간 사회에 질서를 부여한다. 인간은 있는 그대로, 자연 그대로인 상태에서는 잘 살아가지 못한다. 그래서 매니지먼트로 질서를 바로잡는 것이다. 질서가 받치고 있는 사회를 사람들은 아름답다고 여긴다.

유메는 가에데에게 그런 이야기를 해보았다. 그러자 가에데는 감탄한 표정을 지었다.

"너, 꽤 재미있는 이야기를 하는구나."

유메는 지금이야말로 기회라고 생각하고 말을 꺼냈다.

"실은 저, 야구부 매니저를 맡고 있어요."

"그래?"

"이번에 그라운드를 정비하기로 했는데, 거기에 꽃을 심고 싶어서요. 꽃을 심는 방법을 가르쳐주실 수 있나요?"

그러자 가에데가 바로 대답했다.

"싫은데."

"네?"

"왜 내가 그걸 가르쳐주어야 하지?"

"그건……, 저희들만으로는 제대로 할 수 없기 때문이에요. 꽃에 관해 잘 아는 사람의 도움이 필요해요."

"그런 거 필요 없어. 꽃 같은 거야 뭐, 적당히 심어도 잘 자란다고."

"아뇨. 그렇게 하면 안 돼요."

"뭐가 안 되는데?"

"저희는 일본 최고의 그라운드를 만들고 싶거든요."

"일본 최고?"

"네. 일본 최고의 그라운드를 만들기 위해서는 꽃도 일본 최고로 가꿔야 해요. 그래서 꽃을 잘 아는 사람의 도움이 꼭 필요해요."

"너!!" 유메의 말을 들은 가에데는 눈을 휘둥그레 뜨며 놀라는 표정을 지었다.

그러더니 유메에게 얼굴을 가까이 대며 물었다.

"내가 소중히 키운 꽃에 순위를 매기겠다는 말이야?"

"네?"

"〈세상에 단 하나뿐인 꽃〉이라는 노래 몰라?"

"아, 네에, 네. 물론 알아요. 스맙(SMAP)이라는 국민 아이돌 그룹이 부른……."

"그 노래 가사에 있잖아! 꽃은 하나하나가 원래부터 특별하고 유일한 존재이며 누가 더 예쁜지 다투지도 않는다고. 넘버원이 되지 않아도 된다고 말이야!"

"아!"

"그런 꽃에게 너는 일본 최고, 즉 넘버원이 되라고 하는 거야?"

유메는 이번에야말로 아연실색했다. 그런 말을 들을 줄은 꿈에도 생각하지 못했다. 결국 아무 말도 할 수 없었다. 유메는 그 순간 이 설득은 완전히 실패로 끝났다고 체념했다. 마미와 다른 매니저들에게 미안한 마음으로 가슴이 꽉 차올랐다.

'역시, 인사 업무처럼 중요한 역할은 내게 맞지 않았던 거야.'

스스로에게 한심한 기분이 들어서 어깨가 축 처졌다.

그런데 그때 또다시 예상외의 일이 벌어졌다. 눈을 동그랗게 뜨고 있던 가에데가 갑자기 싱글싱글 웃으면서 이렇게 말했던 것이다.

"재미있겠는데!"

"네?"

"일본 최고를 만든다니 어쩔 수 없군."

"어쩔 수 없……다니요?"

"어쩔 수 없으니 도와줄게!"

"정말이요?"

이날부터 가에데는 야구부의 그라운드 정비를 지도하게 되었다.

가에데의 지도는 야구부에 커다란 영향을 주었다. 이를 계기로 새로운 이노베이션이 탄생했다. 가에데의 지도 아래 야구부는 본격적으로 그라운드 정비에 착수했다. 사전에 회의에서 결정한 대로 당분간은 이 일에만 집중하고 그 밖에 다른 일은 아무것도 하지 않았다.

그런데 얼마 안 가 그라운드 정비, 특히 일본 최고의 그라운드를 만들겠다는 목표를 그리 쉽게 달성할 수 없다는 사실을 뼈저리게 깨달았다. 꽤 힘든 작업이었다. 해야 할 일은 끝이 없었고 아무리 노력해도 손이 부족했다. 야구부 매니저 여섯 명과 가에데만으로는 도저히 감당할 수 없는 일이었다.

그래서 처음에는 단순히 지도를 부탁하려고 했던 가에데를 정식 야구부원으로 맞이했다. 가에데는 장기간에 걸쳐 그라운드 정비 책임자로 일해주기로 했다. 또한 새로 여섯 명의 학생을 야구부의 정식 부원으로 맞이했다. 그들도 그라운드 정비에 전적으로 매진했다.

유메는 나중에서야 이 일이 중요한 이노베이션이었다는 사실을 깨닫게 된다. 지금까지 고교야구에는 선수 이외의 부원은 아예 존재하지 않았기 때문이다.

프로야구 구단에는 그라운드 정비는 물론, 야구용품 담당이나 사무원, 그리고 운영과 홍보를 맡은 직원 등 선수 외에도 구성원이 많이 있다. 스태프가 선수보다 더 많을 정도다.

하지만 고교야구부에는, 부원이라고 해봐야 야구를 하는 선수들과 매니저 몇 명이 있을 뿐이다. 그 외의 일을 하는 부원을 두려는 발상은 100년의 역사가 흐르는 동안 거의 없었다. 하지만 아사가와 고교에는 아직 선수가 모이기 전부터 그라운드 정비 전속 부원이 정식으로 참가했다. 이 도전이 매니저들에게 새로운 시야를 열어주었다. 바로 '부원이 반드시 선수나 매니저여야만 하는 건 아니다'라는 관점이다.

부수적인 일을 하는 사람이라도 조직의 성과로 연결된다면, 혹은 그들이 그곳에서 있을 곳을 찾아낸다면 부원으로 소속시키는 편이 좋다는 개념이다. 그래서 아사가와 고교 야구부 매니저들은 의도치 않게 '선수가 주역이 아니다'라는 정의를 재확인하게 되었다. 또한 이 일을 계기로 부원과 매니저 이외의 역할이 야구부에 있어도 좋다는 새로운 발상을 얻었다.

15

 가에데를 비롯한 일곱 명의 그라운드 정비 전속 부원들(그들은 '7인의 정비대'라고 불렸다)이 야구부에 가입하자 야구부의 그라운드 정비 사업은 그런대로 궤도에 올랐다. 하지만 그때까지 두 달 정도가 지나 벌써 7월이 되었다. 계절은 본격적인 여름으로 치닫고 있었다.
 이제 매니저들은 그라운드 정비에 집중하던 데서 겨우 벗어나 다음 과제에 착수하기로 했다. 다름 아닌 '감독 선임'이다. 아사가와 고교의 감독을 누구에게 맡기면 좋을지에 대해서는 학교 측과도 협의해야 했지만 우선은 매니지먼트팀이 초안을 정리하기로 했다. 그래서 최종적으로 현 야구부 부장인 호조 아야노 선생님이 감독도 겸임해주었으면 좋겠다는 데 의견을 모았다.
 호조 아야노 선생님이 감독으로 적합하다고 여긴 이유는 크게 세 가지다.
 첫째, 매니지먼트를 잘 이해하고 있다는 점이다. 아사가와 고 야구부는 스스로를 '매니지먼트를 배우기 위한 조직'으로 정의했다. 그리고 고교야구에 이노베이션을 일으킬 것을 중요한 목표로 삼았다. 이런 배경을 감독이 충분히 이해하지 못하면 목표대로 잘 해나가지 못할 것이라고 생각했다. 만일 구태의연한 사고에 상의하달식 조직론을 신봉하는 감독이 오기라도 하면 마치 물과 기름처럼 서로 어울리지 못할 게 분명했다.

따라서 감독은 매니지먼트에 대한 이해가 깊은 사람, 특히 될 수 있으면 피터 드러커의 사고에 정통한 인물이어야 했다. 그런 면에서 아야노 선생님은 흠잡을 데가 없었다. 피터 드러커의 《매니지먼트》를 참고로 매니저를 했던 경험이 있는 데다, 그 내용을 《모시도라》라는 책으로 출간해 베스트셀러에까지 올렸다. 매니지먼트에 대한 이해가 깊다는 점에서 그녀 이상의 적임자는 없다고 판단했다.

둘째는, 야구부의 기간 사업인 '인재 확보'에 공헌할 수 있다는 점이다. 야구부의 여러 과제 중 하나가 선수 확보다. 고시엔 대회를 목표로 하려면 야구를 잘하는 중학생들이 지속적으로 아사가와 고교를 지망하도록 만들어야 했다.

'어떻게 하면 25년 동안이나 휴부 상태였던 야구부에 유망한 선수들을 끌어올 수 있을까?'를 고심하자 '좋은 환경'과 '뛰어난 지도자'가 준비되어 있어야 한다는 답이 나왔다.

아야노가 지도자로서 유능한지 아닌지는 아직 미지수였

다. 어쨌든 교사로서는 겨우 일 년차인 데다 야구를 직접 해 본 경험이 없었다. 하지만 그녀는 매니저로서 고시엔 대회에 진출한 경험이 있으며, 매니지먼트 능력은 보증수표였다.

 더욱이 《모시도라》의 저자로서 그 분야의 유명인이기도 했다. 야구부 매니저들은 그런 사실에 매력을 느껴 야구부에 들어오는 선수가 있을 거라고 기대했던 것이다. 물론 야구 경험이 없다는 점과 여자라는 점이 부정적으로 작용할 리스크도 있다. 하지만 매니저들은 '그건 그것대로 상관없다'고 생각했다.

 앞서 말했듯이 아사가와고 야구부는 스스로를 '매니지먼트를 배우기 위한 조직'으로 정의했다. 그래서 들어오는 선수들에게도 미리 그 사실을 숙지시킬 필요가 있었다. 그러지 않으면 감독 선정과 마찬가지로 이 일 또한 쓸데없는 문제를 초래할 우려가 있기 때문이다.

 아야노 선생님이 감독이라는 사실은 이런 지식과 배경을 두루 알릴 계기로서는 최적이었다. 아야노 선생님이 감독을 맡는다면 그 사실은 야구부 안팎에 이 야구부가 매니지먼트를 중시하고 있다는 사실을 알려줄 더없이 좋은 메시지가 될 게 틀림없었다.

 그리고 셋째는, 아야노 선생님에게 선수 경험이 없다는 사실이다.

매니저들은 원래는 부정적 요소로 비쳐질 이 요소를 오히려 매력적으로 인식했다. 아사가와 고교는 고교야구에 이노베이션을 일으키려 하고 있기 때문이다. 이는 피터 드러커가 제시한 '이노베이션을 실현하기 위한 일곱 가지 기회' 중 넷째로 언급된 기회다. '구조 변화'를 이용하려는 것이다.

구조 변화는 어떤 분야를 이루는 체제나 힘의 관계가 크게 변화하는 것을 가리킨다.

가령, 고교야구에서 구조 변화로 유명한 것은 1970년대 금속 배트의 등장이었다. 이에 따라 고교야구는 투수가 유리한 구조에서 타자가 유리한 구조로 바뀌었다. 금속 배트가 발명되자 타자가 배트 중심에서 약간 빗나가게 공을 쳐도 쉽게 안타가 되었다.

이 사실을 이용해서 이노베이션을 일으킨 학교가 도쿠시마의 이케다 고교다. 이케다 고교는 그때까지 고교야구의 주류였던 '번트와 도루를 구사해서 1점을 따내는 야구'에서, '적극적으로 공격해서 대량 득점을 취하는 야구'로 재빨리 전환했다. 그래서 고시엔 대회에서 우승을 거머쥘 수 있었다. 이케다 고교의 사례를 본보기로 삼아, 아사가와 고교에서도 구조 변화를 이용한 이노베이션을 일으켜 고시엔 대회에 진출할 수 있는 발판을 삼으려고 계획했다. 구조 변화에 관해서 피터 드러커는 이렇게 말했다.

구조 변화는 그 산업의 외부에 있는 자에게 예외적이라고도 할 만한 기회를 부여한다. 그런데 산업의 내부에 있는 자에게는 같은 변화가 위협으로 느껴진다. 따라서 이노베이션을 일으키는 외부의 사람은 그다지 리스크를 무릅쓰지 않고도 급속히 큰 세력을 얻을 수 있다.

자세히 설명해보자. 금속 배트의 등장은 그때까지 번트와 도루를 구사해 1점을 따내는 야구를 주무기로 경기를 해온 팀에는 '위협'으로 느껴진다. 자신들의 방식이 더 이상 통하지 않기 때문이다. 그래서 금속 배트로 인한 구조 변화에 반발심을 느끼고 쉽게 전략을 전환하지 못한다. 이른바 이노베이션의 딜레마에 빠진 것이다. 하지만 이케다 고교에는 번트와 도루를 구사해 점수를 따내는 전통이 없었다. 즉, '산업의 외부에 있는 자'였기에 일찍감치 구조를 전환할 수 있었다.

이런 관점에서 볼 때 아야노는 야구계로 따지면 산업 외부에 있는 자였다. 어쨌든 야구를 해본 경험이 전혀 없으니까 그다지 리스크를 무릅쓰지 않고도 급속히 큰 세력을 얻을 수 있지 않을까.

다시 말해 매니저들은 아야노 선생님이라면 이노베이션의 딜레마와 전혀 관련이 없을 거라고 기대했다.

매니지먼트팀의 리더인 고헤이, 섭외 담당인 마미, 그리고 인사 담당인 유메, 이 세 사람은 아야노 선생님에게 면회를 신청해 감독으로 취임해줄 것을 직접 요청했다.

그 만남은 직원실 옆에 있는 응접실에서 이루어졌다. 마미가 세 사람을 대표해 설득에 나섰다. 아야노 선생님에게 앞서 언급한 세 가지 이유를 설명했다. 그러자 아야노 선생님은 메모를 하면서 마미의 말을 주의 깊게 들었다. 그리고 마미가 말을 마치자 자신이 적은 메모를 한참 바라보며 무언가를 생각했다. 그러고는 마침내 고개를 들더니 세 사람을 향해 이렇게 선언했다.

"저기, 미안하지만 이 요청은 받아들일 수 없어."

세 사람은 약간 놀랐다. 매니지먼트에 대한 이해도가 깊은 아야노 선생님이라면 이 요청을 받아들일 거라고 굳게 믿었기 때문이다. 물론 그 자리에서 당장 수락하기는 쉽지 않겠지만 긍정적으로 검토해줄 거라고 예상했다. 하지만 그들의 예상은 보기 좋게 빗나갔다. 아야노 선생님의 대답은 꽤 냉정했다. 아야노 선생님은 세 사람에게 이렇게 말했다.

"너희 생각은 참 대단해. 좋은 아이디어를 냈고 매니지먼트를 배우기 위한 조직이라는 정의, 또 이노베이션을 일으키겠다거나 고시엔 대회에 진출한다는 목표에도 정확히 접근했어."

"그렇다면 어째서 거절하시는 거죠?" 마미가 얼마간 책망하는 듯한 말투로 물었다.

아야노 선생님은 "응? 아, 음……" 하고 약간 당황해하더니 잠시 생각한 뒤에 "그 이유는 세 가지가 있어" 하고 설명하기 시작했다.

우선 첫째 이유는 아야노 자신이 감독이라는 자리에 적극적인 마음이 들지 않아서다. 아니, 그 이상으로 그녀에게는 고문이라는 자리에 강한 애착이 있었다. 아야노가 교사가 된 것은 앞서 언급했듯이 '사람은 어떻게 성장하는가'라는 의문을 탐구하는 데 흥미가 있었기 때문이다. 교육의 길을 선택해 그 의문을 풀고 싶었다. 동시에 자신이 고교 3학년 때는 성과를 내지 못했던 매니지먼트에 다시 한 번 도전해보고 싶은 마음도 있었다.

그래서 선수들과 직접 부딪쳐야 하는 '감독'보다는, 한 걸음 뒤로 물러선 '고문'이라는 위치가 나을 거라고 생각했다. 실제로 아야노는 야구 기술에 관해서는 경험은 물론 지식도 빈약했다. 그래서 감독에 취임한다면 그와 관련된 공부로 바쁠 것이 뻔했다. 그런 상황이 되면 가장 중요하게 여기는 '교육'에 관한 연구와 매니지먼트에 소홀해질까 봐 걱정이 되었다. 그래서 감독이라는 자리는 피하고 싶은 마음이 컸다.

둘째 이유는, '매니지먼트는 있을 곳을 만드는 일'이라는 사고와 깊게 연관되어 있었다. 아야노는 이렇게 설명했다.

"둘째 이유는, 내게는 이미 '내가 있을 곳'이 있기 때문이야. 그래서 감독이라는 '자리'는 그 역할을 더 절실히 원하는 사람에게 맡겼으면 좋겠어."

이어서 아야노는 세 명의 매니저에게 이렇게 말했다.

"나는 내가 있는 자리에서 많은 혜택을 받고 있거든."

아야노는 원래 어릴 때부터 공부하기를 좋아했다. 친구들과 잘 어울리지 못하는 면이 있어서 공부에 더 집중했다. 덕분에 중학교 때 이후로는 일등을 놓친 적이 없었다. 우선은 '우등생'으로서 자신의 자리를 확보할 수 있었다. 하지만 고교생이 되자 언제까지나 다른 친구들과 돈독한 관계를 맺지 못하는 자신이 싫어서 스스로 달라지고 싶었다.

그래서 모두가 잘 따르는 한 학년 선배 미야타 유키가 매니저로 있는 야구부의 문을 두드렸다. 평소 동경하던 유키 선배를 본받아 자신도 다른 사람들과 잘 지내고 싶었던 것이다. 그리고 야구부에 들어가 생각지도 못했던 매니지먼트를 알게 되고 고시엔 대회까지 진출하게 되었다. 이 과정에서 이제는 남들과 이야기도 제법 나눌 수 있게 되었고 야구부 내에서 자신의 '있을 곳'을 만들 수 있었다. 그뿐만 아니라 그때의 경험을 토대로 《모시도라》라는 책을 썼으며 그 책이 베스트셀러가 되었다.

아사가와 고교에 부임하게 된 계기도 이 책이었다. 책이

출간된 뒤 어떤 고등학교 교장이 아야노를 찾아와 자신의 학교에 교사로 부임해달라고 부탁했다. 바로 아사가와 고교의 시게모리 데쓰히코 교장이었다.

처음에 아야노는 이 요청을 거절했다. 교사가 된다면 야구부가 있는 고교로 가겠다고 마음먹고 있었기 때문에 야구부가 없는 아사가와 고교는 자신의 희망하는 조건에 맞지 않았다. 그런데 시게모리 교장은 아사가와 고교에 사실은 휴부 상태인 야구부가 있으며, 만일 아야노가 와준다면 흔쾌히 야구부를 부활시키겠노라고 했다. 더욱이 부임하면 야구부 고문 자리를 내주겠다고 약속했다.

교장이 그렇게까지 하니 아야노로서는 거절할 이유가 없었다. 그래서 아사가와 고교에 부임하기로 결정했다. 아사가와 고교는 아야노에게 새로운 '있을 곳'이 되었다.

이렇게 아야노에게는 이미 자신의 자리가 여럿 확보되어 있었다. 그래서 감독이라는 자리를 하나 더 늘리기는 힘에 부쳤다. 감독 자리에는 그 자리를 더욱 필요로 하는 사람, 그리고 그에 걸맞은 사람이 와야 한다고 믿었다. 이런 이유를 들어 아야노는 감독 취임을 거절했다.

아야노의 설명은 매우 설득력이 있어 감독을 맡아달라고 부탁하러 온 세 사람은 그녀의 말을 충분히 이해했다. 응접실에는 한동안 서먹한 침묵이 흘렀다. 모두 무슨 말을 해야 할지 몰랐다. 그 침묵을 깨고 유메가 말을 꺼냈다.

"선생님!"

"응?"

"거절하시는 셋째 이유는 뭔가요?"

"아! 음, 맞아. 그걸 아직 말하지 않았구나."

유메는 이때 '셋째 이유는 이미 들을 필요도 없네' 하고 생각하고 있었다. 이제껏 들은 설명만으로도 충분히 납득할 수 있었기 때문이다. 다만 그 자리의 침묵이 어색해서 분위기를 좀 바꿔보려고 물었을 뿐이다. 그런데 아야노 선생님은 이렇게 말했다.

"질문 참 잘했어."

"네?"

유메는 허를 찔린 듯한 표정이 되었다. 하지만 아야노는 아랑곳하지 않고 말을 이어나갔다.

"내가 너희 제안을 거절한 셋째 이유는 너희들의 이야기를 듣는 동안 이 야구부에 적합한 감독 후보가 떠올라서야. 솔직히 나는 지금까지 이 사람을 감독 후보로 생각해본 적 없지만 너희들 말을 듣고 보니까 딱 알맞은 사람이라는 생각이 들어."

"딱 알맞다니요?"

마미의 질문에 아야노는 이렇게 대답했다.

"너희들이 나를 감독에 추천했던 세 가지 이유가 바로 그 사람에게 딱 들어맞거든."

그리고 조금 전에 적은 메모를 다시 들여다보며 자세히 설명했다.

"첫째, 그 사람은 피터 드러커의 매니지먼트를 깊이 이해하고 있어. 너희들과도 아주 잘 맞을 거야. 둘째로, 그 사람도 꽤 유명인이야. 그래서 야구를 잘하는 중학생을 끌어모으는 데 힘이 되어줄 거야. 그리고 셋째로, 그러면서도 그 사람은 야구를 아주 잘하거든. 외부 사람으로서 이노베이션을 일으킬 거라고 기대해도 좋아."

"대체, 어떤 분인데요?"

궁금해하는 마미에게 아야노가 대답했다.

"우리가 고시엔 대회에 진출했을 때 호도쿠보 고등학교 주장이었던 니카이 마사요시 씨야."

16

아야노는 마사요시에게 연락을 취해 그다음 날 학교가 파한 후 다카하타후도 역 근처에 있는 카페에서 만나기로 약속했다. 마사요시에게 아사가와 고등학교 야구부 감독으로 와

달라고 부탁할 작정이었다. 고교야구 감독은 반드시 학교 교사가 아니어도 괜찮았다.

마사요시와 만날 때까지 아야노는 그를 어떻게 설득해야 할지 궁리했다. 설득이라는 것은 글자 그대로 이득을 설명하는 것으로, 얼마 전 질문하러 온 마미에게 아야노 자신이 가르쳐준 말이기도 했다.

그녀는 '어떻게 마사요시에게 이익이 되는지 설명할까' 하고 궁리해보았다. 감독으로 부임하는 것이 왜 마사요시에게 이득이 되는지 논리를 세워야 했다. 하지만 좀처럼 좋은 생각이 떠오르지 않았다. 무슨 말을 해도 억지로 갖다 붙인 것처럼 어색해져 좀처럼 설득력이 없어 보였다.

이때 아야노는 문득 대학 시절 문학 수업에서 배웠던 '설득법'을 떠올렸다. 19세기 작가 마크 트웨인이 쓴 소설 《톰 소여의 모험》에 나오는 내용이었다. 그중 '페인트칠하기'라는 에피소드에서 주인공 톰의 뛰어난 설득 능력이 재미있게 묘사되어 있었다.

어느 날 짓궂은 장난을 친 톰은 폴리 이모에게서 울타리에 페인트칠을 하라는 벌을 받는다. 이때 톰은 한 가지 꾀를 내어 친구들 앞에서 무척 '즐거운 듯이' 페인트칠을 했다. 그 모습을 본 친구들은 톰에게 서로 자기가 도와주겠다며 나섰다. 톰이 너무나 즐겁게 페인트칠을 하자 자신들도 하고 싶어졌던 것이다. 하지만 톰은 그때 "너희들이 도와주면 벌을 내린 폴리 이모에게 야단맞을 거야" 하고 핑계를 대면서 친구들이 도와주지 못하도록 '금지'했다. 그랬더니 친구들은 더욱더 페인트칠이 하고 싶어져 결국 자신들이 아끼는 보물을 가져다주면서 페인트칠을 하게 해달라고 부탁했다. 톰은 못 이기는 척 페인트칠을 친구들에게 맡겼고 따로 선물까지 챙기는 데 성공했다.

여기서 설득의 핵심은 두 가지로, 톰이 페인트칠을 '즐거운 듯이 해 보였다'는 사실과 그것을 '금지했다'는 데 있다.

사람은 다른 사람이 어떤 일을 권유하고 설득해도 좀처럼 하고 싶은 생각이 들지 않는다. 하지만 누군가가 그 일을 즐겁게 하고 있는 것을 보거나 혹은 금지당하면 어떻게든 꼭 하고 싶어지기 마련이다. 이 법칙을 '톰 소여의 페인트칠하기'라고 하며, 다른 사람을 설득하는 마법의 기술이라고도 부른다.

아야노는 이 이야기를 듣고 언젠가 꼭 시험해보고 싶었다. 그런데 바로 이 순간, 그 생각이 떠오른 것이다. 단박에 마사요시를 시험해보고 싶어졌다.

아야노는 약속한 시각보다 일찍 약속 장소에 도착해서 마사요시를 기다렸다. 이윽고 니카이 마사요시가 나타났다.

"많이 기다렸어?"

마사요시의 표정은 학생 때와 거의 변함없었다. 섬세함과 부드러움이 함께 어우러진 온화한 느낌이었다. 다만 티셔츠에 청바지를 입은 캐주얼한 차림새였고, 머리 모양이 부스스했다. 꺼끌꺼끌 수염도 비어져 나와 있어 예전의 청결하고 착실했던 인상과는 좀 달랐다. 그리고 무엇보다 예전과 달리 근육질이 되어 있었다. 햇볕에 검게 그을린 다부진 몸을 보면 운동으로 단련하고 있다는 사실을 한눈에 알 수 있었다.

"오랜만이에요, 선배."

"연락 줘서 고마워."

마사요시는 아야노보다 한 살 많았지만 이때는 아직 대학생이었다. 고교를 졸업한 뒤 재수해서 고향에 있는 대학에 진학했는데 그곳에서도 두 번 유급해서 이제 3학년이었다. 게다가 최근에는 대학교에도 만족하지 못하고 있는 모양이다. 마사요시는 그런 자신을 이렇게 설명했다.

"뭐, 고등유민(高等遊民) 같은 거지."

"그래요?"

"음, 아니 실은 그렇게 여유로운 처지는 아니야. 솔직히 앞으로 어떻게 해야 좋을지 여러 가지로 고민하고 있거든. 고등학생 때와 마찬가지로 뭔가 사업을 하고 싶은 마음은 굴뚝같은데, 있잖아 왜, 그런 거. 최근에는 대학생 창업 바람이 불어서인지 오히려 의욕이 사그라지기도 했어."

"알 것 같아요."

"지금 창업을 하면 왠지 유행을 좇는 것 같아서 싫단 말이지. 뭐 그런 세세한 일에 신경 써서는 안 될지도 모르지만 말이야. 최근에는 어쩌다 보니 운동에 눈을 떠서 이런저런 방법으로 몸을 단련하고 있어. 산길을 달리는 '트레일 러닝'도 하고 말이지."

"그래서 몸이 좋아졌군요. 정말 몰라볼 정도예요."

"아니, 대단한 건 아냐. 그것보다 아야노야말로 굉장한걸."

"네?"

"책이 베스트셀러가 된 것도 놀랍지만 고교 교사가 되어 야구부 부장이 되었다면서?"

"아, 네. 전 줄곧 교사가 되고 싶었거든요."

"그랬군. 난 틀림없이 작가가 되려나 싶었지."

"글은 앞으로도 계속 쓰고 싶어요."

"그렇구나. 교사로 일하면서도 글을 계속 쓸 수 있는 거군. 참, 미나미가 미국 간 건 알고 있어?"

"네. 드러커 스쿨로 유학 갔다는 말을 들었어요."

가와시마 미나미는 아야노의 선배이자 마사요시의 동급생이었다. 호도쿠보 고등학교 야구부 매니저로서 매니지먼트에 피터 드러커의 이론을 도입한 장본인이다.

고교를 졸업한 미나미는 매니지먼트를 본격적으로 공부하

고자 대학교 경영학부에 진학했다. 그리고 대학을 졸업하자 이번에는 피터 드러커에 관해 더 깊이 배우고 싶어 미국 캘리포니아 주 클레어몬트에 있는 피터드러커·마사토시이토 경영대학원(The Peter F. Drucker and Masatoshi Ito Graduate School of Management)으로 유학을 가서 경영학 석사 과정을 밟고 있다.

"미나미는 그 학교에서 공부하면서 가까운 드러커 인스티튜트(The Drucker Institute)라는 조직에서 아르바이트도 하고 있나 봐. 확실히는 모르지만 드러커를 배우려는 중고생을 대상으로 여는 프로그램이 있는데 그걸 일본에 소개하는 일을 한대."

"와, 미나미 선배, 피터 드러커에 완전히 빠져버렸군요."

"대단하지" 하고 마사요시는 감탄한 얼굴로 고개를 끄덕였다. "호도쿠보 고교의 여자 매니저들은 모두 대단해. 미나미도 그렇지만 너도 그래. 정말 존경해."

"아, 네. 고맙습니다."

그러고 나서 마사요시는 마침 생각난 듯이 물었다.

"그건 그렇고, 상담하고 싶은 게 뭔데? 내가 아야노를 도울 일이 있을 것 같지는 않은데."

"아, 네, 저……, 이건 아직 아무에게도 말하시면 안 되는 건데요."

"알았어."

"실은 저, 야구부 부장뿐만 아니라 이번에는 감독을 맡아 달라는 제안을 받았어요."

"뭐?"

아야노는 감독 자리를 요청받은 일을 마사요시에게 말했다. 단, 그것을 매니저들이 부탁했다고 설명하지 않고 학교에서 제안한 것처럼 들리도록 약간 애매하게 이야기했다. 그리고 마지막에 이렇게 덧붙였다.

"그래서 말인데요. 저 무척 난처하거든요."

"응? 어째서? 근사한 일인데."

"아니, 제게는 너무 짐이 무거워서요."

"흐음."

"저, 아직 교사 일 년차라 가르치는 일만으로도 힘에 부치는데 갑자기 야구부 감독을 겸임하라니요."

"그렇겠군" 하고 마사요시가 고개를 끄덕였다. "벅차긴 하겠어."

"맞아요. 우선 저는 야구를 해본 경험이 전혀 없어요. 그래서 처음에는 이렇게 대답했어요. '저 혼자서는 절대 불가능하니 누군가 야구 경험이 있는 분에게 도움을 받아도 괜찮겠습니까?' 하고요."

"응."

그 말을 들은 순간 마사요시의 눈빛이 약간 달라졌다. 하지만 아야노는 눈치채지 못한 척 말을 이어갔다.

"그랬더니 안 된다고 하더라고요."

"뭐? 어째서?"

"제게 감독직을 요청한 것은 제가 매니지먼트를 이해하고 있기 때문이래요. 그래서 야구 경험은 없어도 상관없다고요. 그리고 야구 경험이 있는 사람에게 섣불리 도움을 받았다가 오히려 충돌해서 잘 운영해나가지 못할 수도 있다고 하더군요."

"뭐? 아, 아니, 하지만, 음, 그런가?"

"그래서 결국 저 혼자 하게 될 것 같은데……."

"그건……" 하고 마사요시는 아야노를 뚫어져라 쳐다보면서 말했다. "분명 힘들 거야."

"그래서 선배에게 상담하고 싶었어요."

"음, 그랬군."

마사요시는 이번에는 팔짱을 끼고 심각한 표정으로 생각에 잠겼다.

아야노는 바로 이때가 기회라고 생각하고는 이렇게 덧붙였다.

"하지만 저……."

"응?"

"솔직히 한편으로는 무척 기대도 돼요."

그러고 나서 아야노는 앞으로 펼쳐질 야구부 매니지먼트에 관해서 될 수 있는 한 즐거운 듯이 이야기했다. 아야노가 그때 말한 것은 실제로 아야노 자신이 예전부터 계획하던 일이기도 해서 특별히 애쓰지 않아도 즐거운 듯이 말할 수 있었다.

아야노는 오랜 시간에 걸쳐 이야기했다. 그동안 마사요시는 줄곧 진지한 표정으로 듣고 있었다. 그리고 그날, 두 사람은 그대로 헤어졌다.

마사요시로부터 연락이 온 것은 다음 날 아침이었다. 그래서 아야노는 '생각보다 빠르네' 하고 생각하면서 마사요시가 보낸 문자를 읽었다.

그러자 거기에는 다소 조심스럽게 '어떤 형태로든 괜찮으니 나도 야구부 지도를 도와주고 싶어'라고 쓰여 있었다.

제5장

유메,
작게 시작하다

17

그 후 여러 우여곡절을 거쳐 니카이 마사요시는 정식으로 야구부 감독에 취임했다. 그런 마사요시에게 아야노는 야구부 부장의 입장에서 다시금 자신의 매니지먼트 계획을 설명했다. 야구부에서 '새로운 야구의 기본이 되는 특별한 틀을 만들고 싶다'는 계획이었다. 그 틀을 바탕으로 야구부를 지도하고 싶었다.

아야노는 대학교 체육 수업에서 검도를 배웠다. 그때 지도 교관이 이렇게 가르쳐주었다.

"검도에서 틀을 이루는 '기본동작'이라는 것은 말보다 훨씬 효과적인 속성 지도법이야."

'사람은 어떻게 성장하는가?'에 큰 의문을 품고 있던 아야노는 지도 교관의 말에 흥미가 생겼다. 그래서 수업이 끝난 뒤 교관을 찾아가 다시 한 번 그 의미를 물었다. 그러자 교관은 이렇게 가르쳐주었다.

"틀을 이루는 기본동작은, 왜 그렇게 하는지 처음엔 그 의미를 모르지. 검도의 기본동작에서 왜 죽도를 이 위치에서 번쩍 치켜들고, 왜 이 위치까지 내려치는지 아무도 가르쳐주지 않아. 하지만 동작을 반복하는 동안에 마침내 의미를 깨닫는 순간이 오지."

어쩌면 그것이 가장 효율적으로 몸을 사용하는 방법이어서일 수도 있고 그렇게 해야 속도가 빨라지기 때문일 수도 있다. 그 이치를 깨달았을 때의 감상을 교관은 이렇게 설명했다.

"이것을 기본동작이라는 형태로 배웠기 때문에 나는 그 의미를 빨리 깨달을 수 있었어. 동작은 위대한 실례와도 같거든. 백문이 불여일견이라고, 틀을 이루는 동작을 몸으로 기억함으로써 그 의미를 깨닫는 편이 훨씬 이해하기 쉬워. 만일 이걸 처음부터 설명으로 듣는다면 오히려 이해하기 어려울 거야."

기본 틀에 관해 흥미가 생긴 아야노는 좀 더 조사해보았다. 그러자 또 다른 사람에게 이런 이야기를 들었다. 틀을 갖춘 기본동작에는 우리가 일반적으로 알고 있는 것과는 반대되는 효과가 있다고 했다. 이를테면 학생에게 가르칠 때 기본자세를 몸에 익히게 한다. 말 그대로 '틀에 맞추는' 것이다. 그러면 얼핏 생각할 때 자유가 사라지고 개인의 가능성을 좁힌다고 생각할 수 있지만 실제로는 반대라는 뜻이다. 기본 틀이 되는 자세나 동작을 반복하다 보면 이윽고 자유롭게 움직일 수 있게 된다. 그래서 결과적으로 이전보다 가동 영역이 훨씬 넓어진다. 즉, 자유를 '잃는' 것이 아니라 반대로 '획득'하는 것이다.

그 이야기를 들은 아야노는 피터 드러커가 '자유'에 관해 남긴 말을 떠올렸다. 드러커는 자유를 이렇게 설명했다.

"자유는 책임 있는 선택을 하는 일이다."

드러커의 말은, 자유라고 해서 어떻게든 해도 좋다는 뜻이 결코 아니다. 무언가를 선택할 때는 반드시 책임이 따른다. 즉, 선택의 자유는 책임이라는 틀 속에 있다는 뜻이다. 그래서 그 틀 안에서 선택하는 것이야말로 오히려 자유인 것이다.

아야노는 점점 더 틀이라는 것에 흥미를 느껴 다양한 책을 읽어보았다.

그러던 중 교육학자인 사이토 다카시가 쓴 저서 《천재가 계속 탄생하는 조직》에서 이런 내용을 찾아냈다. 바로 사루토비 사스케에 관한 글이었다.

사루토비 사스케는 시라토 산페이의 만화 《사스케》에 나오는 닌자를 가리킨다. 그런데 실은 이 사루토비 사스케는 개인의 이름이 아니고 '기술'의 명칭이다. 또는 '틀을 갖춘 동작'을 뜻한다고 해도 좋다. 이 틀, 즉 기술을 습득한 자가 자신을 '사루토비 사스케'라고 내세웠던 것이다. 그래서 만화 《사스케》에는 사루토비 사스케가 몇 명이나 나온다. 적에게 살해당해도 또다시 나타나는데, 이런 의미에서 사루토비 사스케는 '불사신'이다.

사이토 다카시는 사루토비 사스케라는 개념에 강한 흥미를 느꼈다. 이를 활용하면 우수한 인재, 즉 천재를 계속 탄생시킬 수 있지 않을까, 그런 조직을 만들 수 있지 않을까 하고 생각한 것이다.

사이토 다카시는 책에서 그 현실적인 예로, 도호가쿠엔 대학교에서 음악을 가르치던 세계적인 지휘자 사이토 히데오를 소개했다. 사이토 히데오는 음악 중에서도 지휘에 일정한 형식을 도입했다. 세계 어디에서도 유례를 찾아볼 수 없는 지도법이었다.

사이토 히데오는 음악 후진국인 일본이 세계를 따라잡기 위해서는 속성 지도법이 필요하다고 생각했다. 그리고 마침내 틀을 갖춘 교육에 이르렀다. 그는 지휘의 본질을 철저히 규명하고 하나의 틀로 구현했다. 그 틀을 토대로 학생들에게 지휘를 가르친 것이다.

그러자 그때부터는 오자와 세이지를 비롯한 세계적인 음악가가 몇 명이나 탄생했다. 사이토 히데오의 문하는 글자 그대로 '천재가 계속 탄생하는 조직'이 되었다.

아야노는 이 지도법에 강렬한 인상을 받았다. 그래서 일정한 틀을 갖춘 교육을 아사가와고 야구부에도 도입할 수 없을까 하고 고민했고, 다시금 야구 지도법을 공부했다. 특히 야구에서 틀을 갖춘 특정 자세나 동작을 찾아보았다.

그랬더니 여러 가지 패턴이 나왔다. 하지만 어떤 한 가지 틀이 반드시 정착되어 있는 것은 아니었다. 지도자에 따라서 다를 뿐더러, 시대에 따라서도 크게 달랐다. 그래서 아야노는, 이번에는 '야구의 일정한 틀을 확립할 것'을 목표로 삼았다. 다만 여기에는 야구 경험자들이 크게 반발할 염려가 뒤따랐다. 유명 프로야구 선수의 자서전을 읽어보면 '일정한 틀에 갇히지 않는 것이 중요하다'는 말이 자주 나오기 때문이다.

또 최근 야구계에는 일반적으로 '개개인의 개성에 맞춘 지도를 한다'는 사고가 폭넓게 형성되어 있었다. 하지만 아야노는 '틀의 정밀도가 낮기 때문에 제대로 기능하지 못했을 뿐'이라고 생각했다. 그래서 일정한 틀을 갖추는 일이 개성을 말살하는 행위라고 오해받았던 것이다.

틀의 정밀성이 뛰어나다면 아이들의 개성을 말살하기는커녕 오히려 살릴 수 있을 거라고 생각했다. 실제로 《천재가 계속 탄생하는 조직》에서는 사이토 히데오를 비롯해 장기 장려회나 다카라즈카 가극단(효고 현 다카라즈카 시에 본거지를 둔 가극단으로 단원이 모두 여성으로 이루어져 있어 남성 역할도 전부 여성이 연기한다-옮긴이) 등, 일정한 틀을 갖춤으로써 많은 아이들을 성장시킨 실례가 다수 소개되어 있었다.

그래서 아야노는 이미 야구의 일정한 틀을 만들어 지도에 활용하기로 마음을 굳히고 있었다. 문제는 그 틀을 어떻게 만드느냐였다.

아야노는 원래 야구를 직접 해본 경험이 없어서 기술에 관한 지식과 이해가 부족하다. 그런 자신이 야구의 틀을 만드는 데 적합하지 않다는 사실은 분명했다. 틀은 기술을 잘 아는 경험자밖에는 만들 수 없다. 실제로 사이토 히데오도 경험이 풍부한 음악가였다. 자신의 분야에서 기술에 능숙했기 때문에 비로소 일정한 틀을 만들 수 있었던 것이다.

아야노는 만약 야구의 틀을 만든다면 반드시 경험이 풍부한 선수를 파트너로 맞이해야 한다고 생각했다. 그래서 그런 역할을 해줄 인재로 니카이 마사요시에게 눈독을 들였던 것이다.

아야노가 마사요시를 선택한 것은 그가 야구를 잘하지 못했기 때문이다. 마사요시는 호도쿠보 고등학교 야구부에서 가장 실력 없는 선수로 3년 동안 줄곧 후보 신세였다. 하지만 연습에는 누구보다 진지하게 임하는 성실한 부원이었다.

아야노는 야구의 일정한 틀을 만드는 데는 그런 인재가 더 적합하다고 생각했다. 서툰 사람일수록 기술을 습득하는 데 욕심을 내기 마련이다. 또한 잘하는 사람보다 오랜 시간을 들여 그 기술에 관해 생각하기 때문에 자연히 지식도 풍부해진다.

실제로 사이토 히데오도 연주가 썩 뛰어난 편은 아니었다고 한다. 그래서 잘하려면 어떻게 해야 하는지 알아내고자 하는 문제의식이 다른 누구보다 강했다. 그 의지가 훌륭한 틀을 만들어내는 원동력이 되었던 셈이다.

마사요시도 그런 의미에서 사이토 히데오와 같았다. 야구를 잘하지 못했기에 다른 사람보다 갑절이나 기술을 공부했다. 야구를 잘하려면 어떻게 해야 할까 하는 문제의식이, 호도쿠보고 야구부원 가운데 누구보다 강했다.

역시나 아야노에게 그 이야기를 들은 마사요시는 곧바로 관심을 보였다. 자신이 과연 그 틀을 개발할 수 있을지 확신할 수는 없었지만 야구부 일에 참가하는 데는 당장 긍정적으로 동의했다.

그날부터 아야노와 마사요시는 야구의 일정한 틀을 만드는 새로운 사업에 착수했다. 그리고 그 계획에는 아사가와고 야구부 매니저이자 야구 전략 담당인 기우치 도모아키도 가세했다.

18

이로써 야구부 매니지먼트팀은 가장 먼저 정한 세 가지 과제 가운데 '감독 선임'과 '그라운드 정비'에 관해 어느 정도 일을 진척시켰다. 그리고 이제 마지막으로 남은 '선수 확보'에 본격적으로 나서기로 했다. 하지만 선수를 모으는 데는 몇 가지 어려움이 있었다.

우선 앞서 말한 것처럼 야구를 잘하는 중학생을 스카우트하는 데는 고교야구연맹의 엄격한 규제가 따랐다. 직접 접촉해서 설득하는 방법이 원칙적으로 금지되어 있었던 것이다. 그래서 야구부 매니저들은 다른 방법으로 야구 잘하는 중학생들이 아사가와 고교에 들어오고 싶어 하도록 만들어야 했다. 여섯 명의 매니저들은 이 문제를 어떻게 풀지 매일 회의를 거듭했다. 그러던 중에 기획 담당인 요코가 한 가지 제안을 했다.

"모처럼 깨끗이 정돈했으니 그라운드를 활용할 수는 없을까?"

이 무렵 천공의 그라운드는 정비가 일단락되어서 야구장으로서의 모양새를 완전히 갖추고 있었다. 지금은 가에데의 지도 아래 그라운드 주변에 꽃을 심으면서 볼파크를 만들겠다는 구상을 실행에 옮기는 중이었다.

"그렇지!" 하고 마미가 말했다. "천공의 그라운드는 모노레일에서도 잘 보이니까 홍보하기에도 최적의 장소야. 이걸 활용하지 않을 수는 없지."

매니저들은 어떻게 하면 야구 실력이 좋은 중학생들이 천공의 그라운드에 매력을 느낄 수 있을지 서로 의견을 나누었다. 물론 꽃을 심는 것도 계획의 한 부분이었지만 그것 말고도 뭔가 효과적인 방법은 없을까. '저 그라운드에서 야구를 해보고 싶어' 하는 생각이 들게 하는 방법은 없을까.

그때 인사 담당인 유메가 이런 말을 꺼냈다.

"저, 그거와는 좀 관계가 없을지 모르지만 마침 이야기가 나온 김에 말인데."

"응? 뭔데?" 하고 사회를 보고 있는 마미가 묻자 유메가 대답했다.

"실은 그라운드 정비반에서 한 가지 요청 사항이 들어와 있어."

"어떤 요청?"

"거기서 야구 경기를 했으면 좋겠대."

"야구를 한다고?"

"응. 모처럼 그라운드를 정비했는데 아직 아무도 그곳에서 야구를 하지 않았잖아? 그래서 정비반 인원들이 아쉬워하고 있나 봐. 실제로 거기서 야구를 한다면 자신들이 도움이 되었다는 걸 실감할 수 있고 여러 가지 배울 수도 있잖아. 정비반이 자신들의 역할에 보람을 느껴 '있을 곳'을 찾을 수도 있고. 그러니까 어떻게든 그라운드에서 야구 경기를 할 방법이 뭐 없을까?"

고헤이가 유메에게 되물었다.

"그렇다고는 해도 우리는 아직 선수가 한 명도 없잖아. 야구를 한다면 일반 학생들에게 부탁해서 동네 야구나 하게 할 정도일 텐데? 하지만 그러기엔 애써 갖춰놓은 그라운드가 아깝지 않아?"

"맞아." 사쓰키가 동조했다. "그렇게 했다가는 오히려 이미지가 안 좋아질 거야. 야구를 못하는 사람들이 저 그라운드를 사용한다면 그걸 본 중학생들이 저런 학교에는 절대 가지 않겠다고 할 거 같아."

그때였다. 마미가 갑자기 책상을 탁 두드렸다. 모두 놀라 마미를 쳐다봤다.

마미는 사쓰키를 가리키면서 말했다.

"바로 그거야!"

"그거라니?"

사쓰키가 되묻자 마미가 대답했다.

"야구를 잘 못하는 사람들이 경기를 하고 있으면 그 학교에는 가지 않겠다고 할 거랬지? 그렇다면 반대로, 야구를 잘하는 사람들이 경기를 하고 있다면 저 학교에 가고 싶다는 생각이 들지 않겠어? 우리 학교에 흥미를 느끼지 않을까?"

"맞아. 그렇겠네" 하고 고헤이가 응수했다. "야구를 잘하는 사람들이 우리 그라운드에서 경기를 하게 된다면 효과적인 홍보가 될지도 모르겠어."

"하지만……" 하고 유메가 말했다. "누구에게 경기를 하게 하지? 내가 조사해본 바로는 우리 학교에는 야구를 잘하는 사람이 거의 없어."

이때까지 유메는 아사가와 고교생 전원의 프로필 조사 작업을 진행하고 있었다. 우선은 학생들 가운데서 야구를 잘하는 사람이 있는지 없는지 알아보고 있었지만, 작년까지 야구부 활동이 없던 학교라서 알맞은 인재는 한 사람도 없었다.

그러자 마미는 유메를 보며 눈을 반짝였다.

"우리 학교에 없으면 다른 곳에서 데리고 오면 돼."

"다른 곳이라고?"

"그래! 가령 야구를 잘하는 고교끼리 우리 그라운드에서 연습 경기를 하게 한다든가."

"아, 좋은 생각이야!" 하고 고헤이가 말했다. "연습 경기라면 다른 학교가 우리 그라운드를 사용해도 전혀 문제없지."

"그렇지만" 하고 이번에는 사쓰키가 말했다. "우리 학교랑 시합을 하는 것도 아닌데, 와서 경기를 하려고 할까? 특히 우리는 옛날이라면 모르지만 지금은 야구를 잘하는 학교와는 아무런 인연도 관계도 없고 말이야. 대체 어떻게 부탁을 하지?"

그러자 마미는 사쓰키를 보며 씨익 웃었다.

"아니, 우리와 인연도 관계도 있으면서 야구 잘하는 학교가 한 군데 있잖아."

"어디?"

"호도쿠보 고등학교 말이야."

마사요시 감독과 아야노 부장은 호도쿠보 고등학교의 가치 마코토 감독을 찾아가 천공의 그라운드를 연습 경기 장소로 사용해달라고 부탁했다. 호도고가 고시엔 대회에 진출했을 때 주장이던 마사요시와 매니저였던 아야노의 부탁이라 가치 감독도 거절할 이유가 없었다.

호도쿠보 고교는 마사요시 때 이후로는 고시엔 대회에 단

한 번도 진출하지 못했다. 그래도 도내에서 강호교로서의 자리는 줄곧 잃지 않았다. 그런 연유로 대전 상대로 강호팀을 데리고 함께 와주었다. 무려 작년도 도쿄 서부 지역 우승 학교로 고시엔 대회에서도 두 번이나 우승한 적 있는 야구 명문 사립인 다키노미야 고교를 데리고 왔던 것이다.

마침내 천공의 그라운드에서 처음으로, 아니 실로 약 25년 만에 야구 시합이 열렸다. 야구부에서는 이 시합을 선수 확보 발판으로 삼기 위해 전원이 힘을 모아 경기 준비에 나섰다. 매니저 진영은 세 가지 전략을 세웠다.

첫째, 그라운드를 사용하는 학교를 최대한 정성껏 대접하기로 했다. 매니저들은 연습 경기를 이번 한 번으로 끝내고 싶지 않았다. 가능하다면 정기적으로 사용하게 해서 더 많은 중학생들에게 그라운드를 보여주고 싶었다. 그러려면 그라운드를 사용하는 타 고교에 '또 여기서 경기를 하고 싶다'는 생각이 들도록 해야 했다. 그래서 최선을 다해 그들을 대접했다.

둘째, 경기 관전에 충실을 기하는 것이다. 천공의 그라운드를 사용하게 하는 목적은, 이를 계기로 실력 있는 중학교 야구 선수를 끌어들이는 데 있었다. 그러려면 더 많은 사람이 경기를 관전할 수 있도록 해야 한다. 많은 사람이 관전할수록 야구를 잘하는 중학생이 아사가와 고교에 관심을 가질 가능성도 커지기 때문이다. 그래서 야구부에서는 관객이 그라운드뿐만 아니라 주변 환경도 잘 볼 수 있도록 배려했다. 그들에게 더욱 좋은 이미지를 심어주려 한 것이다.

셋째, 즐거움을 전해주는 일이다. 앞에서 말했듯이 천공의 그라운드를 다른 학교에서 사용하게 하는 것은 이를 계기로 야구 실력이 좋은 중학생을 부원으로 끌어오기 위해서다. 그들이 '나도 여기서 야구를 하고 싶다'고 느껴 아사가와 고교에 입학하도록 유도해야 한다.

그러기 위해서는 여기서 경기를 치르는 선수들이 '즐거워야' 한다. 사람은 다른 사람이 즐거워하는 모습을 보면 자신도 따라하고 싶어진다. 이는 아야노가 '톰 소여의 페인트칠하기'에서 배운 설득법의 하나였다.

야구부 매니저들은 우선 어떻게 하면 경기를 치르는 선수들이 즐거워할 수 있을까를 고민했다. 물론 다른 학교 선수들에게 '더 즐겁게 시합을 치러주세요'라고 부탁할 수는 없으므로 이번에는 정비반원들이 즐겁게 일할 수 있는 방법을 생각했다.

정비반은 매니저들과는 달리 경기 중에 그라운드에 등장한다. 그래서 관중의 눈에 띌 기회도 있다. 야구 전략 담당인 도모아키가 그 기회를 살릴 방안을 제안했다.

"미국 야구장에서는 시합 도중 그라운드를 정비할 때 음악을 틀어놓고 춤을 춰."

아사가와 고교에서도 정비 중에 음악을 들려주면서, 춤까지는 아니더라도 매스게임처럼 대열을 이루어, 보는 사람의 눈과 귀가 즐거워지는 정비를 할 수 있도록 궁리했다.

이 세 가지 전략을 토대로 아사가와고 야구부는 착착 준비를 해나갔다. 이는 '첫걸음을 내딛는' 일이기도 했다.

첫걸음을 내딛는 일은 피터 드러커가 《이노베이션과 기업가정신》에서 반복해서 강조하는 내용이다.

> 야심 찬 구상으로 산업에 혁명을 일으키려는 계획은 잘 되어가지 않는다. 한정된 시장을 대상으로 하는 작은 사업에서 출발해야 한다. 그러지 않으면 조정이나 변경에 필요한 시간적인 여유가 없어진다. 이노베이션이 최초 단계에서 거의 완벽할 정도로 이루어지는 경우는 드물다. 변경이 가능한 것은 규모가 작고 인재와 자금이 적을 때뿐이다.

야구부로서는 그라운드에 관한 다양한 사업을 집행하는 일이 '첫 발걸음'에 지나지 않았다. 이는 '한정된 시장을 대상으로 하는 작은 사업'이었다. 설령 실패를 한다 해도 조정이나 변경이 가능했다. 오히려 그때의 실패는 이노베이션을 일으키는 데 유익한 정보가 되기도 하므로 환영하고 싶을 정도다.

 연습 경기는 결과적으로 대성공을 거뒀다. 사소한 실수나 예상치 못한 일도 몇 번 있었지만 기대했던 것 이상의 성과를 올렸다.

 우선 그때 경기를 치른 두 학교가 천공의 그라운드를 마음에 들어 해서 앞으로도 기회가 있으면 사용하고 싶다는 의사를 전해왔다. 또한 사전에 준비한 노력이 빛을 발해, 이날은 아사가와 고교 학생들과 관계자, 경기에 출전한 두 학교의 관계자와 근처 주민 등 수많은 관중이 모여들었다. 덕분에 큰 홍보 효과를 얻을 수 있었다.

 무엇보다도 야구부 매니저들과 정비반이 다양한 일을 경험할 수 있었다. 이번 경험을 통해 모두 충일감으로 넘쳐났다. 매니저들은 직접 기획하고 진행한 일에 대한 피드백을 받을 수 있었고, 정비반은 자신들이 정비한 그라운드에서 경기가 열리자 큰 보람을 느꼈다. 특히 두 학교 감독이 그라운드를 칭찬했을 때는 더없이 기뻤다. 그래서 특별한 대책을 강구하지 않아도 '즐길' 수 있었던 것이다.

 더구나 이때 야구부 부원들은 미처 알아차리지 못한 또 하나의 성과가 있었다. 이 시합을 어떤 중학생 한 명이 견학하고 있었던 것이다. 이 중학생은 나중에 야구부에 들어와서 큰 이노베이션을 일으키게 된다.

19

 훗날 큰 이노베이션을 일으키는 인물, 이치조 하야토는 이때 중학교 3학년이었다. 그날 그는 소속되어 있는 중학교 야구부 연습을 빼먹고 천공의 그라운드까지 갔다. 아니, 정확히 말하자면 연습을 이유 없이 빼먹은 것은 아니다. 하야토는 이날 배가 아팠다. 그래서 연습을 쉬었을 뿐이다.
 하야토는 희한하게도 연습에 나가기 싫을 때만 배가 아파왔다. 그래서 천공의 그라운드에 왔을 때는 복통이 완전히 나아 있었다.
 처음에 하야토는 곧장 집으로 돌아갈 생각이었다. 그래서 통학 시 이용하는 모노레일에 혼자 올라탔다. 언제나처럼 창밖으로 천공의 그라운드가 보였는데 그때 그는 눈이 휘둥그레졌다. 그곳에서 전에 보지 못했던 광경이 펼쳐지고 있었다. 천공의 그라운드에서 야구 경기가 열리고 있었던 것이다.
 천공의 그라운드는 하야토에게 매우 친숙한 장소였다. 매일 차창 밖으로 바라보고 있었기 때문이다. 그라운드는 처음에는 풀밭이었다. 아니, 풀밭이라기보다는 황무지에 가까웠다. 그래서 묘한 분위기를 내고 있어 무척 눈에 띄었다. 그 광경에 빠져 하야토는 모노레일을 탈 때마다 자주 천공의 그라운드를 바라보곤 했다.

그런데 최근에 황폐하던 그라운드가 갑자기 정비되기 시작했다. 우선 그라운드의 잡초가 뽑혀 사라지고 돌멩이가 제거되었다. 이어서 새로운 흙이 운반되어 깨끗하게 정돈되었다. 군데군데 부서져 있던 펜스가 수리되었고 더러웠던 벤치도 깨끗해졌다. 게다가 모노레일에 면한 경사면에 멋진 화단이 꾸며지기까지 했다.

하야토는 이런 변화에 관심이 생겼다. 덕분에 지금은 모노레일을 탈 때마다 정비가 진행되는 상황을 확인하는 것이 하루 일과가 되었다. 그런데 그날, 바로 그 그라운드에서 야구 경기가 펼쳐지고 있었던 것이다. 더구나 얼핏 본 바로는 꽤 본격적인 경기였다. 한순간 눈에 들어온 투수의 투구가 꽤 빠르다는 사실을 멀리서도 확인할 수 있었다.

하야토는 가만히 있지 못하고 다음 역에서 급히 내렸다. 그리고 천공의 그라운드로 발걸음을 옮겼다. 이때는 복통으로 연습에 빠졌다는 사실조차 까맣게 잊고 있었다.

그라운드에 도착하자 하야토는 다시 한 번 놀랐다. 웬걸, 그곳에서 시합을 하고 있는 학교는 몇 년 전 고시엔 대회에 진출한 적 있는 도립의 강호, 호도쿠보 고교였기 때문이다. 게다가 상대 팀은 작년 고시엔 대회에 진출한 다키노미야 고교였다. 두 강팀끼리 본격적인 연습 경기를 하고 있었던 것이다.

하야토는 그라운드 주변에 설치된 가설 벤치에 앉아 경기를 관전했다. 그런데 그곳에서 무척이나 인상적인 일이 벌어졌다. 5회전이 끝나자 갑자기 음악이 울려 퍼졌다. 그러고 나서 트레이닝복을 입은 학생 여러 명이 그라운드를 정비하기 위해서 나타났다. 그들의 동작은 매스게임처럼 통제되어 있어서 매우 독특했다. 그라운드를 정돈하는 내내 모두 방글방글 웃는 표정이었고 무척 즐거워 보였다. 그 장면에 하야토의 가슴이 들썩거렸다. 그 무렵 하야토는 예전에 그렇게도 좋아하던 야구가 별로 재미있지도, 좋지도 않았기 때문이다.

그러던 차에, 정비하는 학생들의 웃는 얼굴을 보고 문득 깨달았다.

'언제부턴가 나는 야구가 즐겁다는 사실을 완전히 잊고 있었어.'

하야토는 그 학생들이 자꾸 신경 쓰였다. 그래서 경기가 끝나고도 한참 동안 자리에 앉아 경기 후의 정비까지 꼼짝 않고 바라보았다.

그들이 아사가와 고등학교 야구부원이라는 것을 안 것은 세 번째로 이 그라운드를 찾아왔을 때였다. 그날 이후 하야토는 모노레일을 타면 반드시 천공의 그라운드를 확인하고 그곳에서 경기가 열리면 내려서 보러 갔다. 그러던 중에 그

곳이 아사가와 고교의 그라운드라는 것과 그 야구부가 25년여 만에 부활했다는 사실, 그리고 내년도 야구부원을 모집하고 있다는 사실을 알게 되었다.

마침 그 무렵, 신문의 지방소식란에 아사가와고 야구부에 관한 기사가 게재되었다. 야구부 감독과 부장이 예전에 호도쿠보 고교가 고시엔 대회에 진출했을 때의 주장과 매니저 콤비라는 내용이었다. 기사는 두 사람이 이번에는 장소와 역할을 바꿔 다시 고시엔 대회를 목표로 하고 있다는 말로 끝을 맺었다.

이런 일이 겹치자 하야토의 마음속에서는 자연히 아사가와 고교에 대한 관심이 커졌다.

이 무렵, 하야토는 자신의 진로에 관해 약간 고민하고 있었다. 앞으로 야구를 계속해야 할지 그만둬야 할지 결정을 못 내리던 차였다.

그에게 고시엔 대회는 물론 꿈이었다. 고시엔 구장은 동경해 마지않는 장소였다. 그리고 야구도 좋아했다. 하지만 자신은 지금 다니는 중학교와 맞지 않았다. 그곳에서 하는 야구는 솔직히 말해 고문이었다. 우선 연습이 즐겁지 않았다. 특히 체력을 단련하기 위한 연습이 너무나도 싫었다.

하야토는 운동신경이 뛰어났다. 그래서 지금의 팀에서도 금세 2루수 주전 자리를 맡아 나름대로 활약해왔다. 야구 자체는 좋아했다.

하지만 체격이 작고 근력이 다소 떨어졌다. 특히 지구력이 부족했다. 그래서 지구력을 단련하는 연습, 가령 장거리달리기 같은 훈련은 힘들었다. 그래서 장거리달리기를 할 때는 자주 훈련을 빼먹었다. 아니, 그때는 어김없이 배가 아팠기 때문에 자주 쉬게 되었다.

다만 장거리달리기 연습을 빠진다고 해서 주전 선수에서 밀려난다거나 하지는 않았다. 하야토는 팀 내에서 타격 성적도 훌륭했다. 그래서 연습을 쉬는 일쯤으로는 아무도 질책하지 않았다.

하지만 그것이 외려 하야토의 마음을 소극적으로 만들었다. 하든 안 하든 마찬가지라면 굳이 왜 장거리달리기 같은 걸 시키는 걸까. 불합리하다고 생각되는 건 어쩔 수 없었.

'장거리달리기가 있기 때문에 나는 배가 아파져서 연습을 쉬는 처지가 되는 거야.'

배가 아파 연습을 쉰다는 것은 하야토로서도 썩 내키지 않았다. 사실은 좋아하는 야구를 마음껏 즐기고 싶었다. 하지만 체력 강화 연습이 훼방을 놓았다. 그래서 그즈음에는 체력 강화 연습이 있는 것을 오히려 원망하기도 했다. 고등학교에서도 그런 훈련이 계속된다면 차라리 야구를 그만둘까 하고 심각하게 고민하고 있었다.

그런데 바로 그때 아사가와 고교를 알게 된 것이다. 이 학교 야구부는 오랫동안 휴부 상태였다가 새로 활동을 시작한 참이어서 미지수인 점도 많았지만, 무엇보다 천공의 그라운드에서 풍기는 흥겨운 분위기가 마음에 들었다.

'그곳이라면 더 즐겁게 야구를 할 수 있을지도 몰라.'

하야토는 드디어 마음을 굳히고 아사가와 고등학교를 찾아가 야구부 입부에 관해 문의했다. 이때만 해도 하야토는 아직 가벼운 마음이었다. 자신 이외에는 입부를 희망하는 사람이 있을 거라고 생각하지 않았기 때문에 제대로 야구를 할 수 있는 인원이 모여 있는지 어떤지만 확인하려고 했다.

그런데 거기서 또다시 놀라운 일이 벌어졌다. 아사가와 고교 야구부에 들어오길 희망하는 학생이 모집 정원을 넘어서서 이번에 무려 입부 테스트를 실시한다는 것이었다.

하야토는 초조해졌다. 그전까지의 여유는 깨끗이 사라지고 갑자기 야구부에 들어가고 싶은 마음이 간절해졌다. 그때까지는 '들어가도 괜찮겠는걸' 하는 정도였는데 경쟁자가 많다는 사실을 알게 되자 '들어가지 못하면 후회할 거야' 하는 절박한 바람으로 바뀌었다.

하야토는 입부 시험을 치렀다. 이때 그는 어떤 기준으로 사정이 이루어지는지 알지 못했다. 그래서 본 심사 전에는 그렇게나 싫어하는 체력 강화 훈련에도 열심히 참가했을 정도였다.

그런데 심사 현장에서 하야토는 다시 한 번 놀랐다. 테스트 내용이 기묘했다. 거기서는 입부 지원자들에게 다른 사람 흉내 내기를 시켰다. 테스트에는 여러 항목이 있었는데 그중 두 가지가 흉내 내기였다.

한 가지는 자신이 잘 따라하는 야구 선수를 흉내 내는 것이고, 다른 한 가지는 학교에서 지정한 선수를 흉내 내는 것이었다. 수험생들은 학교가 지정한 선수의 녹화 영상을 보고 즉석에서 흉내를 내야 했다. 이 두 가지 과제가 수험생들에게 부과되었다.

하야토는 훨씬 마음이 편해졌다. 흉내 내는 데는 누구보다 자신 있었다.

하야토는 원래 운동신경이 뛰어났다. 그중에서도 몸을 자유자재로 움직이는 데 능해서 어릴 때부터 다른 사람을 흉내 내는 게 특기였다. 프로야구 선수 흉내는 물론, 같은 팀 선수 흉내도 잘 내서 곧잘 사람들을 웃기곤 했다.

그래서 이때도 자신이 가장 잘 흉내 낼 수 있는 이치로(일본을 대표하는 프로야구 선수로 미국 메이저리그 마이애미 말린스에 소속되어 있다-옮긴이) 선수와, 아사가와 고교가 지정한 다른 선수를 태연히 흉내 내 보였다.

하야토는 무사히 합격했다. 이때는 아사가와 고교에 진학하고 싶은 마음이 너무도 간절했기 때문에 합격 통지를 받았을 때는 진심으로 기뻤다.

이로써 야구부가 부활한 지 꼭 일 년 만인 4월에 이치조 하야토를 포함한 열두 명의 신입 선수가 들어왔다.

20

그로부터 3개월 전으로 거슬러 올라간 12월 말, 천공의 그라운드에서는 3학년생들의 졸업식이 거행되었다. 야구부원 중 3학년생은 매니지먼트팀 리더인 도가시 고헤이, 그리고 일곱 명의 정비대원 중 두 명인 시무라와 가토였다.

졸업식 행사는 천공의 그라운드에서 열렸다. 그날 고헤이는 이렇게 인사말을 했다.

"제가 좋은 리더였는지 아닌지는 잘 모르겠습니다. 결국 선수는 한 명도 들어오지 않았고 시합도 하지 못한 채 끝났어요. 하지만 많은 성과가 있었습니다. 그런 의미에서 충실하게 보낸 일 년이었다고 생각합니다."

그가 말한 대로 야구부는 지금까지 착실히 성과를 올렸다.

우선 《이노베이션과 기업가정신》을 교과서로서 활용하기로 결정했다. 그리고 매니저만 여섯 명이나 모였다는 점이

'예상치 못한 성공'이라는 사실을 깨달았다. 분석이 끝나자 이번에는 야구부를 '매니지먼트를 배우기 위한 조직'이라고 정의했다. 그때부터 비록 대단한 일은 아니지만 몇 가지 이노베이션을 거듭해왔다.

일본 최고의 그라운드를 만들겠다는 목표를 세우고 정비 전속 부원 일곱 명을 받아들였다. 그리고 호도쿠보 고교가 고시엔 대회에 진출했을 당시 주장이었던 니카이 마사요시가 감독으로 취임해 천공의 그라운드에서 연습 경기를 개최해냈다. 또한 아야노와 함께 미디어에 등장해 홍보에 큰 역할을 해냈다.

게다가 야구부 사업으로서 인재 확보에 주력했고 야구 실력이 좋은 중학생을 확보하기 위한 다양한 시책을 시행했다. 결과적으로 24명이나 되는 중학생이 야구부에 들어오기를 희망했다. 이제 야구부에는 새로운 과제가 생겼다. 희망자를 모두 받아들일 수가 없자 부득이 인원수를 제한해야만 했다.

피터 드러커의 매니지먼트 이론에 따르면 '최대'가 반드시 좋은 것은 아니었다. 그보다는 '최적'을 추구해야 한다. 《이노베이션과 기업가정신》에는 이렇게 쓰여 있었다.

목표를 최대화에 둔다면 그 목표는 결코 달성되지 않는다. 달성되기는커녕 목표에 가까이 갈수록 한층 더 큰 노력이 요구된다.

왜냐하면 최적정치(목표의 75퍼센트 또는 80퍼센트라고 한다)를 넘으면, 얻을 수 있는 성과는 기하급수적으로 작아지고 필요한 비용은 기하급수적으로 커지기 때문이다.

야구부 선수를 무턱대고 늘릴 수는 없었다. 그래서 제한 규정을 정해야 했다. 하지만 학교 측에서 이 방침에 제동을 걸었다. 그도 그럴 것이 동아리 활동의 본분이 교육에 있는 이상, 입부를 희망하는데도 들어갈 수 없다면 문제라는 지적이 나왔기 때문이다.

게다가 학교로서는 학생 수를 늘리고 싶은 욕심도 있었다. 그래서 인원수를 제한한다는 규정을 좀처럼 받아들일 수 없었다.

하지만 야구부에는 '조직 존속'이 무엇보다 중요한 과제였다. 예전에 이미 그 존속에 실패해 휴부 조치가 된 괴로운 경험이 있기 때문이다. 그때도 부원을 무제한으로 늘렸고, 그것이 결국 야구부 존속을 위기로 몰고 간 원인이었다. 그래서 야구부 매니지먼트팀은 부원 수를 제한하는 방안을 절대로 포기하지 않았다.

결국 아야노 선생님이 시게모리 교장과 면담을 해 겨우 학교 측의 양해를 얻어냈다. 시게모리 교장은 아야노를 학교로 부임시키고자 여러 번 예를 갖춰 청했던지라 그 의견을 무시할 수 없었다.

야구부 부활은 사실상 시게모리 교장의 주선으로 착수한, 학교의 신사업이기도 했다. 시게모리 교장이 부임하기 전에 아사가와 고교는 만성적인 학생 수 감소로 골머리를 앓고 있었다.

아사가와 고교의 학생 수가 감소 추세로 돌아선 것은 1990년대 후반이었다. 원인은 분명 저출산이라는 사회적 현상이었다. 게다가 젊은이들이 도심부로 빠져나가는 경향도 있었다. 특히 아사가와 고교가 있는 도쿄 도 히노 시의 출생률은 전국 평균보다 낮았다.

그런데도 아사가와 고교는 그때까지 이 현상에 대처할 아무런 방책도 내놓지 않았다. 통계적인 수치를 보면 분명히 드러나는 현상인데도 모른 척하고 넘어갔다. 그런 안이한 태도가 최근에 와서 큰 문제로 불거진 셈이다. 시게모리 교장은 전 이사장의 조카로, 그때까지는 금융기관에서 펀드매니저로 일했으며 투자가로서 수많은 경영자와 만나는 일이 주업무였다. 하지만 학교 경영이 점점 어려워지자 3년 전에 부랴부랴 초빙되었다.

새로 부임해 온 시게모리 교장은 학교의 경영 상태를 보고 놀라움을 감출 수 없었다. 출생률 저하에 대한 대책이 전혀 마련되어 있지 않았기 때문이다. 1990년대 초에 야구부가 문제를 일으켰을 때만 해도 단지 휴부를 결정했을 뿐, 그 이상의 대책은 없었다. 이미 학생 수가 충분히 확보되어 있다는 이유로 당시 상황에 안주하고는 별다른 노력을 기울이지 않았다. 그로 인해 야구를 하고 싶어 하는 학생들이 입학하는 일도 없어졌고 그라운드도 방치되었다. 그런 식으로 줄곧 방만한 경영이 이어졌다.

시게모리 교장은 서둘러 경영 관련 공부를 다시 시작했다. 학교의 위기 상황을 극복하기 위해서는 근본적인 개선이 필요하다고 믿었다. 그 과정에서 아야노가 쓴 저서 《모시도라》를 읽으면서 피터 드러커와 만났다.

시게모리 교장은 피터 드러커가 '저출산'에 관해서도 구체적으로 언급했다는 사실을 비로소 알게 되었다. 드러커는 《이노베이션과 기업가정신》에서 이노베이션을 일으킬 수 있는 일곱 가지 기회 중 다섯째 '인구구조 변화' 부분에서 이렇게 썼다.

이러한 인구구조 변화가 기업가에게 이노베이션의 좋은 기회가 되는 이유는 전적으로 기존의 기업이나 공적 기관이 대부분 이를 무시하기 때문이다. 그들은 인구구조 변화가 절대 일어나지 않을 거라는, 적어도 급속하게 일어나지는 않을 것이라는 가정을 철석같이 고수하고 있다. 심지어 인구구조 변화를 나타내는 분명한 증거조차 인정하려 들지 않는다.

이 글을 읽고 시게모리 교장은 깜짝 놀랐다. 아사가와 고교를 꼭 집어 말하는 것 같았기 때문이다. 마치 자신을 향해서 날아드는 질책처럼 느껴졌다. 아사가와 고교도 지금까지 계속 인구구조 변화를 무시해왔다. 그 현상이 '급속하게 일어나지는 않을 것이라는 가정에 매달리고' 있었던 것이다. 결국 경영이 벽에 부딪히자 교사 경험이 없는 자신이 부임하는 사태에 이르렀다.

시게모리 교장은 피터 드러커에 관해 더욱 깊이 공부했다. 그러던 중 《모시도라》의 저자인 아야노가 교사를 목표로 하고 있다는 사실을 알게 되었고, 어떻게 해서든 아사가와 고교로 불러와야겠다고 생각했다. 그런데 그녀는 야구부가 있는 고교로 가고 싶어 했다. 그건 시게모리 교장에게 일석이조의 아이디어이기도 했다. 시게모리 교장은 피터 드러커의 사고와 함께 아야노의 존재를 중요하게 여기고 있었다. 그래서 아야노의 부탁을 흔쾌히 받아들였다.

특히 아사가와 고교의 학생 수가 줄어든 데에는 드러커가 말했듯, 과거 '최대'를 좇았던 여파가 이제 와서 영향을 준 탓도 있었다. 따라서 야구부 매니지먼트팀이 목표로 하는 '최적'의 의미를 충분히 이해하고 받아들일 수 있었다.

최종적으로 시계모리 교장은 선수 수를 제한하겠다는 야구부의 의견을 전면적으로 수용했다. 그뿐만 아니라 이번에는 야구부의 생각을 존중해 스스로 '아사가와 고교 학생 수를 늘리겠다'고 세웠던 목표를 새로 검토할 정도였다. 지금까지는 무턱대고 정원을 늘리려고 했지만 이제는 최적 인원수를 유지하기로 방침을 바꾼 것이다.

야구부는 비록 우여곡절을 겪기는 했지만 드디어 선수 수를 제한할 수 있게 되었다. 그러자 야구부에는 새로운 장점이 생겼다. 오히려 입부 희망자가 늘어난 것이다.

바로 아야노가 예전에 배운 '톰 소여의 페인트칠하기' 효과가 여기서도 나타났다. 인간은 금지당하면 더욱더 큰 유혹에 사로잡힌다. 아사가와고 야구부는 입부 인원을 제한함으로써 오히려 중학생들을 끌어들이는 데 성공했다. 선수 수를 제한하는 일은 조직 존속을 용이하게 하는 동시에 입부 희망자를 늘리는 일석이조의 아이디어였다. 이는 몇 년 뒤 아사가와 고교 입학을 희망하는 학생 수 증가로도 이어졌다. 역시 금지당하면 오히려 더 큰 유혹에 빠진다는 '톰 소여의 페인트칠하기' 효과가 다시 한 번 증명된 것이다.

시계모리 교장은 다시금 피터 드러커 이론의 중요성을 재확인했다. 저출산이라는 현실에 저항한 것이 아니라 오히려 역발상으로 모집 인원을 줄였다. 그 방책이 도리어 입학 희망자를 증가시키는 결과를 불러왔다. 이는 바로 인구구조 변화를 이용한 이노베이션이었던 것이다.

이런 식으로 야구부는 이때까지 몇 번이나 유형무형의 이노베이션을 착실하게 거듭해왔다. 그리고 3학년생의 졸업을 겸해 또 하나의 이노베이션을 추가하게 되었다. 이때 새로운 리더를 선출했던 것이다.

고헤이가 졸업하면서 매니지먼트팀에서는 새로운 리더를 뽑아야 했다. 하지만 이 일은 별다른 논의가 필요치 않았다. 만장일치로 마미가 리더에 선출되었기 때문이다.

마미는 부활한 야구부에서 고헤이에 이은 두 번째 부원이었다. 지금까지 고헤이의 오른팔이 되어 음으로 양으로 활약해왔다. 특히 야구부원 중에서 피터 드러커의 사고를 가장 깊이 이해하고 있었다. 그리고 이해한 내용을 현실에 적용해 구상화하는 능력을 발휘해 이노베이션의 중심 역할을 맡아왔다. 마미가 리더 자리에 오르는 데 대해 누구도 반대할 리 없었다. 마미는 고헤이와 함께 거의 리더나 다름없는 역할을 해왔던 것이다.

졸업식에서 고헤이는 이렇게 인사말을 했다.

"제가 지금까지 좋은 리더였는지 어떤지 잘 모르겠습니다. 단 한 가지 자부할 수 있는 일이 있다면 뛰어난 후계자를 남기고 떠난다는 사실입니다."

고헤이는 다시 피터 드러커의 한마디를 인용했다.

"피터 드러커는 이렇게 말했습니다."

다만 그러려면 창업자 자신이 언제까지나 스스로 매니지먼트를 행할 것이 아니라 언젠가는 최고의 팀에게 물려줄 결의를 해두어야 한다.

"만약 제가 이 야구부의 '창업자'라고 했을 때 한 가지 칭찬받아도 좋다고 여기는 점은, 언제나 직접 매니지먼트를 행하지 않았던 점입니다. 저는 일찌감치 최고의 팀이 매니지먼트를 직접 실행하도록 했습니다."

그러고는 나머지 다섯 명의 매니저 쪽을 바라보며 이렇게 말을 맺었다.

"그런 의미에서 이렇게 졸업하는 마음이 무척 가볍고 상쾌합니다. 후회는 조금도 없습니다. 정말 감사했습니다."

말을 마친 고헤이의 눈에 살짝 눈물이 비치더니 반짝하고 빛났다. 그 모습을 보고 있던 부원들에게서 큰 박수가 터져 나왔다.

그 광경을 보면서 유메는 5개월 전의 일이 떠올랐다.

5개월 전, 7월이 끝나갈 무렵 아사가와고 야구부 전원이

서부 지역 도쿄 대회 결승전을 보러 진구 구장까지 갔다. 그런데 시합 종료 때 고헤이가 돌연 눈물을 흘렸다. 옆자리에 있던 유메는 깜짝 놀랐다. 고헤이가 왜 우는 건지, 도무지 짐작할 수 없었다. 그래서 그 자리에서는 못 본 척하고 학교로 돌아와서 살짝 물어보았다. 유메는 어쨌든 부원을 살피는 일이 업무였기 때문에 그대로 모른 척할 수는 없었다.

그러자 고헤이는 이렇게 말했다.

"그 눈물은……, 뭐라고 할까, 결승전이 끝나자 갑자기 견딜 수 없는 기분이 되어서 말이지."

"견딜 수 없는 기분……이요?"

"응, 난 이제 3학년이잖아. 그러니까 이번 여름 지구 대회가 끝나면 '내 고교야구도 여기서 끝이구나……' 하는 생각이 들어서 말이야."

그 말을 듣고 유메는 뭐라고 대꾸해야 좋을지 몰랐다. 한참 침묵을 지키고 있었더니 고헤이가 쑥스러운 듯 웃으며 이렇게 덧붙였다.

"이상하지? 선수도 아니고, 하물며 우리 학교가 대회에 나간 것도 아닌데 눈물까지 보이다니 말이야. 하지만 겨우 4개월이라도 매니저로서 고교야구에 관여하다 보니 어느 사이엔가 나도 고교야구 선수의 일원이 된 것 같아."

유메는 그 설명을 듣고도 고헤이의 기분을 잘 이해할 수 없었다. 그녀의 일은 부원 한 사람 한 사람의 마음에 다가가 그가 있을 곳을 만드는 데 있었다. 고헤이의 눈물을 이해하는 것은 유메에게는 일종의 과제였다.

졸업식에서 눈물을 흘리는 고헤이를 보며 유메는 그때 그 일을 떠올렸다.

그리고 또 한 사람, 고헤이의 눈물을 보면서 여러 가지 걱정을 하는 사람이 있었다. 바로 아야노 부장이었다. 아야노는 야구부의 새로운 리더인 마미에 관해서 생각하고 있었다. 자꾸만 마미의 일이 조금 마음에 걸렸다. 리더 선임이 '만장일치'로 이루어졌기 때문이었다.

피터 드러커의 《매지니먼트》에는 이런 내용이 있다.

매니지먼트를 실행하는 의사 결정은 만장일치에 의해 이루어져서는 안 된다. 대립하는 의견이 충돌하고 다른 견해가 대화하여 여러 개의 판단 중에서 선택이 이루어져야 비로소 실행할 수 있다. 따라서 의사 결정의 제1원칙은, 의견 대립이 없을 때에는 결정을 내리지 않는 것이다.

아야노는 마미가 만장일치로 후임 리더로 결정되었을 때 문득 거부감이 들었다. 하지만 그녀는 이런 느낌을 아무에게도 말하지 않았다. 자신은 이 야구부에서 '지켜보는' 일을 주된 역할로 여기고 있기 때문이기도 하지만, 아야노 자신도 마미의 리더 취임이 가장 적합한 선택이라고 믿어서다. 그에 반대하기엔 망설임이 있었다. 그래서 결국 끝까지 자신의 속마음을 아무에게도 말하지 못했다.

제 2 부

모시이노 もしイノ

'만약'이란 뜻의 일본어 모시(もし)와 이노베이션의 첫 두 글자 이노(イノ)를 합쳐 만든 조어.
《만약 고교야구 여자 매니저가 피터 드러커를 읽는다면: 이노베이션과 기업가정신 편》을 가리킨다.

제6장

유메,
밖으로 나가 보고 묻고 듣다

21

 마미가 리더가 되고 나서 유메는 줄곧 기분이 좋았다. 함께하는 시간이 늘어났기 때문이다. 새해가 되자 유메는 마미와 계속 함께 있을 수 있었다. 부원들과 면담하는 일이 마미의 주된 업무가 되었고, 유메도 그 자리에 인사 담당으로서 동석하게 된 것이다.

 인사 담당이 되고 나서 유메는 '있을 곳이란 무엇일까?' 하고 줄곧 생각했다. 그녀의 업무가 있을 곳을 만드는 일이기 때문이다.
 '어떻게 하면 부원들이 있을 곳을 만들 수 있을까?'

유메는 우선 '있을 곳'에 대해 상세히 알아두어야겠다고 생각했다. 개념을 확실히 이해하지 못하면 방향을 잘못 잡아 성과가 오르지 않을 거라는 걱정이 들었다. 그래서 사람들은 어떨 때 자신이 '있을 곳이 있다'고 느끼는지 생각해보았다.

특히 유메 자신은 어떨 때 그렇게 느끼는지 되돌아보았다. 그랬더니 '누군가가 나를 필요로 할 때'라는 사실을 깨달을 수 있었다. 유메는 마미가 무언가를 부탁할 때라든지, 그 부탁을 들어줬더니 마미가 좋아했을 때 무척 기뻤다. 그래서 야구부 매니저 일을 열심히 하고 있는 건지도 몰랐다.

사람이 '자신이 있을 곳이 있다'라고 느낄 수 있으려면 누군가에게 '필요한 존재가 되는 것'이 중요했다. 누군가에게 의지가 되어주어야 한다.

그래서 이번에는 사람이 누군가에게 필요한 존재가 되는 것은 어떤 때일지 생각해보았다. 사람은 어떨 때 누군가에게 의지가 될까?

곰곰이 생각하다가 혼자서는 해결할 수 없는 문제를 그 사람이라면 해결할 수 있을 때라는 것을 깨달았다. 쉽게 말하면 그 사람에게 도움을 받을 때다.

반대로 말하면 '누군가에게 도움을 줄 수 있는 사람은 그 사람에게 필요한 존재'라는 뜻이 된다. 다른 사람의 문제를 해결할 수 있는 사람은 거기서 '자신이 있을 곳'을 찾아낼 수 있는 것이다.

그렇다면 누군가를 도울 수 있는 사람은 어떤 사람인가? 아마도 다른 사람에게 없는 능력을 갖고 있는 사람일 것이다. 즉 다른 사람에게는 없는 장점을 가진 사람이다. 사람은 자신만의 장점을 살림으로써 다른 사람을 도울 수 있다.

다시 말해 '장점을 살려 누군가를 도울 수 있다면 그 사람은 자신이 있을 곳이 존재한다는 사실을 실감한다'는 말이 된다. 그렇다면 야구부 인사 담당이 해야 할 일은 부원들의 장점을 찾고 그 장점을 살려 누군가를 돕게 하는 것이다.

그러려면 우선 부원들의 장점을 아는 일이 중요했다. 장점을 알아야 그 장점을 살릴 수 있고 또한 있을 곳도 만들 수 있다. 유메는 부원들 한 사람 한 사람의 장점을 알아보기로 했다. 그러자 한 가지 재미있는 사실을 깨달았다. 바로 유메 자신이 다른 사람의 장점을 찾아내는 일에 탁월하다는 사실이었다. 그것이 곧 유메의 장점이었다.

유메는 원래 남을 부러워하길 잘했다. 얼굴이 예쁜 사람이 부러웠고 머리가 좋은 사람도 부러웠다. 달리기를 잘하거나 꽃을 잘 가꾸는 사람도 그랬다. 어쨌든 남을 부러워하길 잘하는 성격이었다.

다만, 유메는 그런 자신의 성격이 싫었다. 다른 사람의 장점이 부러워질 때면 그런 장점을 갖고 있지 않은 자신에게 열등감을 느끼곤 했다. 그래서 지금까지는 남을 부러워하지 않으려고 애써왔는데, 그런 성격이 지금 야구부에서는 장점으로 활용될 수 있다는 사실을 깨달은 것이다. 유메는 단점도 사용하기에 따라서 장점으로 바뀐다는 것을 알게 되었다. 그러자 인사 업무가 예전보다 좋아졌다. 일에 보람이 느껴졌다.

또한 어떤 일을 좋아하는지 그렇지 않은지도, 자신이 있을 곳이라고 느끼는 데 중요한 요인이라는 사실을 깨달았다. 유메는 인사 업무가 좋아지자 점점 더 그 일이 '내가 있을 곳'이라고 느꼈다. 처음에는 인사 업무가 썩 내키지 않았다. 싫은 건 아니었지만 자신에게는 지나치게 부담이 되어서 잘해낼 수 없을 것 같았다.

하지만 마미에게 도움이 되고 싶다는 마음으로 할 수 없이 시작한 일이 뜻밖에도 자신에게 잘 맞는 것이 아닌가. 그러자 점점 일이 좋아지고 보람까지 느껴졌다.

그렇게 생각하면, 사람들에게 그들이 있을 곳을 만들어주기 위해서는 우선 그 사람의 장점을 알아야 했다. 또 그 장점을 성과로 연결시켜 다른 사람들에게 좋은 평가를 듣게 해야 했다. 그런 뒤 그 사람 자신이 그 일을 좋아하고 보람을 느껴 열심히 하게 만들어야 했다. 유메는 이 세 가지가 중요하다는 사실을 깨달았다. 부원 한 사람 한 사람에게 이런 역할을 해주는 것이 인사 담당의 주 업무인 것이다.

그러고 보니 그라운드 정비 담당인 마쓰바 가에데는 인사 업무의 이상적인 성공 사례였다.

가에데는 꽃을 잘 키우는 것이 장점이었다. 그 장점을 그라운드 정비에 활용한 결과 많은 사람에게 좋은 평판을 얻었다. 또한 가에데도 그 일을 좋아하게 되었고 보람을 느껴 더욱 열심히 할 수 있었다. 지금은 그 일이야말로 자신이 꼭 있어야 할 자리라고 느끼고 있다.

유메는 다른 부원들에게도 가에데와 같은 성공 사례를 거두고 싶었다. 그러려면 부원들 각자에 대해서 더 잘 알아야 했다. 특히 부원들의 내면을 들여다볼 필요가 있었다. 그들이 무엇을 원하고 무엇을 고민하는지, 어떤 일에 보람을 느끼는지 파악해야 했다.

그런데 그때 한 가지 벽에 부딪혔다. 유메는 사람과 이야기하는 데 서툴러서 그들의 속마음을 좀처럼 끄집어낼 수 없었다. 부원들의 마음을 알아내지 못하면 그들이 무엇을 원하고 무엇을 고민하며 어떤 일을 하고 싶어 하는지 알 수 없다. 그러면 주변에서 좋은 평판을 얻게 하거나 본인이 보람을 느낄 수 있게 지원하는 일도 어려워진다.

유메는 어떻게든 그것을 알아낼 방법이 없을까 하고 머리를 짜냈다. 좀처럼 좋은 아이디어가 떠오르지 않았는데 바로 그때 마미가 이런 이야기를 꺼냈다.

"나, 리더가 되면 우선 야구부에 관련된 사람들 모두와 면담을 할까 해."

"면담?"

"글자 그대로 얼굴(面)을 마주하고 이야기(談)를 하는 거지."

"왜 하려는 건데?"

"모두의 속마음을 들어보고 싶어."

"뭐?" 유메는 깜짝 놀랐다. 그게 바로 자신이 하고 싶은 일이었다.

"속마음을 들어서 뭘 할 거야?"

"응. 실은 말이지, 《이노베이션과 기업가정신》에서 이런 구절을 찾았어."

> 셋째로, 기업가적인 기업에서는 최고경영자가 직접 연구개발, 엔지니어링, 제조, 마케팅, 회계 등 각 부문의 젊은이들과 정기적으로 만나고 있다.

"최고경영자는 현장 직원과 정기적으로 만나야 한다고 피터 드러커는 강조했어. 직접 만나서 그들과 이야기를 나눠야 한다고 말이야."

"음? 어째서지?"

"세 가지 이유가 있대. 첫째, 최고경영자가 직원들의 마음을 알 수 있다는 점. 둘째, 반대로 직원들이 최고경영자의 마음을 알 수 있다는 점. 그리고 셋째는 그럼으로써 모두가 경영자의 시각으로 이노베이션에 관해 생각하게 된다는 점이야."

"그렇구나!" 하고 유메는 감탄하며 고개를 끄덕였다. "분명 이노베이션 아이디어는 매니저 혼자 생각하는 것보다는 현장에 있는 모든 직원에게 물어봐야 다양해질 것 같아."

"그렇지? 게다가 그럴 때 모두의 '숨겨진 속마음'도 끌어내 들어볼 수 있잖아. 그것도 중요하다고 생각해."

"숨겨진 속마음?"

"응. 이건 닌텐도 사장이었던 이와타 사토루 씨가 한 말인데, 그런 식으로 한 사람 한 사람과 면담하다 보면 직원들이 지금까지 드러내지 않았던 속마음을 알게 되어 인간관계가 상당히 원활해진대."

"아! 그렇다면……."

"응?"

"면담할 때 그 사람이 무엇을 원하고 무엇을 고민하는지, 또 어떤 일에 보람을 느끼는지도 알아낼 수 있겠네?"

"응. 바로 그런 걸 듣기 위해서 하려는 거니까."

"나도 그 자리에 함께하고 싶어."

"응?"

"나도 면담에서 모두의 생각을 듣고 싶어. 사실은 나도 부원들의 속마음을 어떻게 알아낼 수 있을지 고민하던 참이었거든. 맞아! 사람들과 대화하는 데 능숙한 마미가 그들의 속마음을 이끌어내면 되는 거였어!"

그래서 유메는 마미의 면담에 동석해서 야구부에 관계된 모든 사람의 이야기를 들어보게 되었다.

22

두 사람이 처음으로 면담한 사람은 니카이 마사요시 감독이었다. 지금은 야구부실로 사용하고 있는 학교 건물 1층 서쪽 끝의 작은 교실에서 두 사람은 마사요시 감독과 이야기를 나누었다. 다만 유메는 면담 내용을 기록하기만 하고 대화는 마미 혼자서 맡았다.

마미는 거기서 우선 마사요시가 만들고자 하는 야구의 틀에 관해 물었다.

"그 틀을 어떻게 만들려고 하시는 거예요?"

"응. 여러 가지 생각해봤는데 이거다 싶은 답을 좀처럼 찾지 못하겠더군. 어쨌든 야구에는 100년 넘는 오랜 역사가 있는데도 아직 명확한 틀이 확립되어 있지 않으니까."

"그럼 좀 어려운가요?"

"아니, 하지만 연습의 기본 틀이라면 생각해냈지."

"틀이요?"

"응. 야구에서는 누구나 하는 연습이 있어. 기본 틀이라고 해도 좋은 연습이."

"어떤 연습이에요?"

"응. 캐치볼과 스윙이야. 캐치볼과 스윙은 그야말로 초심자부터 프로에 이르기까지, 또 동서양을 막론하고 누구나 하는 연습이거든."

"그렇군요."

"그래서 우선 이 두 가지를 철저하게 연습시키는 것부터 시작하려고 해."

"구체적으로는 어떻게 하실 계획이세요?"

"응. 선수들에게 명선수의 투구 자세와 타격 자세를 따라하도록 할 거야."

"똑같이 따라하는 건가요?"

"맞아. 그것도 철저하게 말이지. '따라한다'는 것은 '배운다'와 같은 어원을 갖고 있을 정도로 교육의 기본이니까. 기본을 철저히 함으로써 일정한 틀을 만드는 길을 열 수 있을 거야."

"역시! 그래서 입부 시험 때 흉내 내기를 시킨 거로군요."

"응. 난 그런 생각을 한 거야" 하고 마사요시 감독은 상체를 약간 앞으로 내밀며 말했다. "우리 아사가와 고교에 들어온 선수 중에는 역시 전국적으로 통할 만큼 뛰어난 인재는 없어. 어쨌든 아직 부활한 지 얼마 안 된 야구부니까. 아무래도 중학교 때는 그다지 재능을 발휘하지 못하고 후보 자리에만 만족하던 선수들뿐이야."

"맞는 말씀이네요."

"그런 선수들을 그대로 지도해봤자 발전 가능성은 적을 거야. 일단 중학교 때까지는 그 방식으로 실력을 발휘하지 못했으니까. 그래서 선수들한테도 무언가 질적인 변화, 즉 이노베이션이 필요하지 않을까 싶어."

"옳은 말씀이에요. 재미있는데요."

"그렇지? 이노베이션에 관해서 드러커는 이렇게 말하고 있어."

이노베이션을 확실하게 성공시키기 위한 첫 번째 단계는 이미 활력을 잃은 것, 진부한 것, 그리고 생산적이지 않은 것의 폐기를 제도화하는 것이다.

"그래서 나는 가장 먼저 선수들 몸에 배어 있는 기존의 운동 자세를 폐기하는 일부터 시작하려고 해."

"자세를 폐기……한다고요?"

"응. 낡은 자세를 버리는 거지. 중학교 시절의 투구 자세나 타격 자세 때문에 다들 후보 선수에 머물렀던 거야. 그러니까 그 자세를 먼저 버려야 해."

"네. 그러니까 자세를 근본적으로 교정한다는 말씀이시군요. 하지만 잘될까요? 고교 1학년이라고는 하지만 지금까지 몸에 익은 자세를 고치는 것도 쉽지 않을 텐데요."

그 말을 듣고 유메는 깜짝 놀랐다. 마미가 꽤 날카롭게 추궁하고 있었기 때문이다.

하지만 마사요시 감독은 아무런 표정 변화 없이 대답했.

"응. 그렇기 때문에 이 시점에서 새로운 틀의 교육이 진가를 발휘하는 거지."

"무슨 뜻이에요?"

"틀을 가르친다는 것은 정해진 자세를 철저히 반복 연습시키는 거잖아. 그 연습을 시키면 새로운 틀을 몸에 익히는 과정에서 자연히 낡은 자세를 버리게 되는 거지. 즉, 낡은 것을 버리면서 새로운 것을 받아들이는 일석이조인 셈이야."

"그렇군요. 이거야말로 아이디어라고 할 수 있겠네요" 하고 마미는 감탄한 듯이 고개를 끄덕였다. 그러고 나서 이번에는 화제를 바꾸어 질문을 던졌다.

"또 어떤 연습을 할 계획이세요?"

"그것 말고는 아무것도 하지 않을 거야. 한동안 그 연습에만 집중할 생각이거든."

"캐치볼과 스윙 연습밖에 하지 않는다고요? 선수들이 질리지 않을까요?"

"아니, 오히려 아주 질릴 정도로 해야 새로운 틀이 몸에 붙는 거야. 게다가 이 계획에는 목적이 또 하나 있지."

"호오! 어떤 목적인데요?"

"음. 그런 식으로 캐치볼과 스윙만 연습하게 해서 선수들에게 배고픔을 느끼게 해줄 거야. 공을 더 치고 싶다, 또는 경기를 해보고 싶다고 간절히 바라도록 말이지."

"틀림없이 그렇게 될 것 같은데요."

"그 배고픔이 야구에 대한 의욕을 높여줄 거야. 아야노 선생이 말한 '톰 소여의 페인트칠하기'를 좀 응용했지. 금지함으로써 오히려 유혹하는 방법이야."

"구체적으로는 언제까지 금지할 생각이세요?"

"일단 여름 대회 직전까지 생각하고 있어."

"그렇게 오랫동안이요?"

"응. 그때까지 참게 하다가 여름 대회에서 한 번에 풀어주려고 해. 그렇게 하면 재미있는 화학 변화를 기대할 수 있을 거야."

 마사요시 감독과의 면담이 끝나고 두 사람만 남자, 유메는 마미에게 조심스레 말을 꺼냈다.
 "마미, 감독님께 꽤 날카롭게 질문하더라. 옆에서 듣는데 내 가슴이 다 조마조마했어."
 "응. 실은 사전에 아야노 선생님에게 들어두었거든. 감독님이 지금부터 무엇을 하려고 하는지, 가능한 한 미리 알아놓고서 면담에 임하라고 말이야. 그래서 질문도 미리 준비해놓은 거였어."
 "뭐라고? 앞으로 이야기를 들을 상대인데 일부러 사전에 조사해두었다고?"
 "맞아. 상대가 하는 일에 관심을 갖는다는 의미도 있지만, 그게 최소한의 진지함이 아닐까 생각해."
 "진지함?"
 "생각해봐. 《모시도라》에서는 '진지함'이라는 말이 하나의 키워드였잖아. 진지함이 부족한 사람은 매니저 자격이 없다고 말이야. 나는 내 일이 '가능한 한 모두에 관해 잘 아는 것'이라고 생각해. 《이노베이션과 기업가정신》에도 이런 말이 쓰여 있거든."

이노베이션을 일으키려면 밖으로 나가서 보고, 묻고, 들어야 한다. 이 일은 아무리 강조해도 지나치지 않는다.

"아! 그건 '이노베이션의 원리와 조건'에 나오는 내용이네."
"맞아. 그래서 우선은 밖에 나가서 보고 묻고 듣는 데 집중하려고 해. 그 방침을 끝까지 추구하는 것이 매니저로서의 진지함 아닐까?"
"옳은 말이야."
"반대로 말하자면 내가 할 수 있는 일은 이 정도밖에 없으니까."
마미는 왠지 한숨을 쉬듯 말했다.
유메는 순간적으로 '응? 그럴 리가 없어' 하고 말하려고 했다. 마미가 할 수 있는 일, 그리고 하고 있는 역할은 그 밖에도 많이 있다고 생각했다. 하지만 유메는 그 말을 아슬아슬하게 삼킨 채 입 밖에 내지 않았다. 왠지 마미가 그런 대답을 원하는 게 아니라고 느꼈기 때문이다.
마미가 그렇게 말한 데는 무언가 이유가 있을 터였다. 하지만 유메는 그게 무엇인지 짐작이 가질 않았다. 그래서 할 수 없이 입을 다물었다.

이 면담을 시작으로 마미와 유메는 야구부 관계자들을 차례로 만나 이야기를 들었다. 이어서 야구부 부장인 아야노 선생님의 이야기를 들었고 더불어 매니저들, 그리고 정비대원들과도 대화를 거듭해나갔다.

 면담을 거치면서 유메는 부원 한 명 한 명의 내면을 많이 알게 되었다. 마미는 풍부한 지식과 거침없는 말솜씨로 누구를 대하든지 날카롭게 파고들었다. 그래서 지금까지는 밖으로 드러나지 않았던 부원들의 속마음을 계속해서 끄집어냈다.

 이 점은 유메가 부원들을 파악하는 데 무척이나 도움이 되었다. 게다가 유메는 마미라는 사람에게 새삼 놀랐다. 그때까지는 미처 알지 못했던 마미의 일면을 엿볼 수 있었다.

23

 유메는 이번 면담을 계기로 마미에게 철저한 면이 있다는 사실을 새로이 알게 되었다. 마미는 자신에게도 엄격했지만 다른 사람이 일을 설렁설렁 해치우는 것도 보지 못하는 성격이었다. 한마디로 말해, 요구치가 높았다.

 마미의 그런 면은 야구 전략 담당인 기우치 도모아키와 면담할 때 고스란히 드러났다. 마미는 도모아키에게 고교야구에서 '구조 변화'를 찾아내라고 요구했다.

구조 변화란, 피터 드러커가 제시한 '이노베이션을 실현하기 위한 일곱 가지 기회' 중 넷째로 언급된 항목이다. 드러커는 구조 변화에 관해 이렇게 설명했다.

산업과 시장의 구조는 매우 견고해 보이므로 내부에 속한 사람들은 그 상태가 바로 질서이고 자연이며 또한 영원히 지속되리라고 믿는다. 하지만 현실에서는 산업과 시장의 구조가 매우 취약하다. 아주 작은 힘에 의해서 쉽게, 더군다나 순식간에 붕괴된다.

고교야구에서 일어난 획기적 구조 변화는 '금속 배트의 등장'이었다. 금속 배트가 발명되자 야구는 투수가 유리한 구조에서 타자가 유리한 구조로 바뀌었다.

마미는 도모아키에게 다그치듯 물었다.

"뭔가 지금 금속 배트의 등장에 맞먹을 만한 구조 변화가 있니?"

"구조 변화라, 음, 그게 말이지, 좀 어려워서……."

"어렵다는 말을 할 때가 아니잖아! 그걸 조사해 오라고 내가 분명히 말했지?"

순간 유메는 놀라서 멈칫했다. 마미가 그런 식으로 상대를 추궁하는 모습을 지금까지 단 한 번도 본 적이 없었다.

하지만 다행스럽게도 마미는 상대를 봐가면서 말투를 조절하고 있었다. 그 사람의 성격에 맞춰 말을 했다. 그렇기에 도모아키에게는 지금 마미의 말투가 별로 거슬리지 않았다. 도모아키는 마미의 말을 아무렇지도 않게 받아들이면서 대답했다.

"응. 조사하기는 했는데 잘 모르겠더라고."

"가령 '투수의 연투'에 대해서는 어떻게 생각해?"

"연투?"

"예전에는 투수가 연속된 두 경기에 나가 계속 투구하는 일을 당연하게 여겼는데 지금은 그러지 않잖아. 그전에는 우승팀 에이스 투수가 다섯 경기나 여섯 경기에서 연달아 투구하는 일이 흔했지만 지금은 여러 명이 교대로 등판해 던지고 있지."

"아, 듣고 보니 그러네."

실은 마미도 면담 전에 미리 마사요시 감독에게 들어 알게 되었을 뿐이다. 마사요시 감독은 투수가 연투하기 어려워진 구조 변화를 이용해 새로운 틀을 도입하고 우수한 투수를 여러 명 키워내려 하고 있었다. 일명 '사루토비 사스케 작전'이라고 불리는 이 방법은 뛰어난 투수를 계속 길러내 프로야구처럼 선발투수를 교대로 등판시키는 투수 로테이션 제도를 정착시키려는 데 목적이 있다. 고교야구에 이노베이션을 일으키려는 것이다.

마미의 이야기를 들은 도모아키는 감탄하며 "그거 대단한걸!" 하고 눈을 반짝였다. 하지만 마미는 오히려 떨떠름한 표정으로 입을 열었다.

"대단하다고 감탄할 게 아냐. 난 도모아키가 그런 걸 조사해주길 바라는 거야."

"아, 그렇군. 미안!"

"무엇보다 말이지, 이런 사실을 모른다는 건 감독님하고도 제대로 소통하고 있지 않다는 거잖아."

"그건 그렇……."

"어쨌든 난 도모아키가 파괴적 이노베이션을 일으켜주길 기대하고 있어."

"파괴적 이노베이션?"

"응, 지금까지의 가치를 뒤엎는 이노베이션 말야. 파괴적 이노베이션이 실현되면 더 이상 경쟁할 필요도 없어지지. 그게 바로 이노베이션의 진정한 가치야."

"그런 거로군. 하지만 그걸 어떻게 찾아내야 할지 아직도 잘 모르겠어."

"그럼 우선 고교야구의 역사를 다시 살펴보는 게 어때?"

"역사?"

"응. 특히 데이터에 착안해서 그 내면에 숨어 있는 변화를 찾아내는 거지. 방어율이나 타율이 세월에 따라 어떻게 바뀌어왔는지 말이야. 사소한 거라도 좋아. 오히려 작은 수치 속에 그야말로 근본적인 '구조 변화'가 숨어 있을 거라는 생각이 들어."

"알았어. 그럼 당장 해볼게. 근데……."

"응?"

"잘 모르는 게 있으면 또 물어볼게."

면담이 끝난 뒤 마미는 평소 안 하던 푸념을 유메에게 쏟아냈다.

"도모아키는 너무 느긋해서 탈이야. 몇 번이나 말했는데도 좀처럼 적극적으로 나서려 들질 않아."

"맞아. 나쁜 앤 아닌 것 같은데 말이지."

"그런 애는 아니지. 머리도 좋은 편이고. 하지만 자기 일에 책임감을 갖고 스스로 행동하는 능력이 부족해."

그 말을 들은 유메는 잠시 생각하더니 반문했다.

"그건 말이야, 아직 야구부에서 자기 역할을 찾지 못했기 때문이 아닐까?"

"응?"

"도모아키는 야구부에 자신이 필요하다는 사실을 아직 깨닫지 못해서 마냥 태평한 걸지도 몰라."

마미는 얼핏 쓴웃음을 지었다.

"유메는 참 대단해."

"무슨 뜻이야?"

"어떤 문제든 항상 자기 일처럼 생각하니까 말이야. 다른 사람들도 모두 유메처럼 생각하면 좋을 텐데."

유메는 분명 자신을 칭찬하는 말인 줄 알면서도 약간 위화감을 느꼈다. 그렇게 말하는 마미 자신이 마치 남의 일처럼 말했기 때문이다. 말투에서 상대를 밀어내는 듯한 냉정함이 묻어났다.

4월이 되자 야구부에는 새로운 선수 열두 명을 포함해 모두 스물네 명이 신입부원으로 들어왔다. 이제 야구부는 재정비된 이래 처음으로 야구 연습을 할 수 있었다. 새로 출발한 지 꼭 일 년 만에 겨우 야구를 할 수 있게 된 것이다.

하지만 마미와 유메가 하는 일은 4월 이후에도 전과 다름없었다. 부원들과 면담을 거듭하며 그들에 관한 정보를 끌어모았다. 밖으로 나가서 보고, 묻고, 듣는 게 두 사람이 하는 일의 대부분이었다.

두 사람은 새로운 선수 열두 명과도 면담을 진행했다. 유메는 그들에게 무척 흥미가 많았다. 그들은 부활한 야구부에 들어온 첫 선수들이었다. 유메는 지금까지 선수와 이야기를 나눠본 적이 한 번도 없었다. 그래서 그들이 무엇을 원하고 무엇을 고민하고 있는지, 어떤 일에 보람을 느끼는지 도무지 짐작이 가지 않았다. 면담을 통해 그런 것들을 알 수 있게 된 사실이 그저 기쁠 뿐이었다.

열두 명의 선수들 중에는 다양한 유형이 있었다. 당연하다. 말을 잘하는 사람이 있는가 하면 그렇지 않은 사람도 있고, 야구를 잘하는 선수가 있는가 하면 그렇지 않은 선수도 섞여 있었다. 선수들이 아사가와 고교에 들어온 동기나 학교에 대한 이미지도 사람 수만큼 다양했다.

다만 크게 보면 세 가지 유형으로 나눌 수 있었다. 우선 가장 일반적인 유형이 마키 요타로 같은 선수다. 그는 두 사람과의 면담에서 이렇게 말했다.

"저는 그다지 대단치 않은 선수예요. 중학교에서는 후보 투수였는데 부동의 에이스가 있어서 제가 경기에 나간 적은 거의 없어요. 가끔 외야수로 나가긴 했지만요. 이대로라면 야구 강팀이 있는 고교에 진학해봤자 후보 선수로 머무를 게 뻔했어요. 그럴 바에는 경기 출전 기회가 있는 학교로 가는 것이 좋겠다는 생각에 이 학교에 들어왔어요."

이 유형은 아사가와고 야구부가 이제 막 부활해서 선수가 한 명도 없는 상황을 오히려 매력적으로 느껴 입학한 학생들이다. 이 학교에서 '경기 출전 기회를 얻기를' 기대하고 있었다.

다음은 이치조 하야토 선수 같은 유형이다.

"저는 솔직히 중학교 때 야구부와는 맞지 않았어요. 그래서 졸업하면 야구를 그만두려고 생각했는데 우연히 이 학교를 알게 됐죠. 이 학교라면 뭔가 새롭게 할 수 있을 것 같아서요."

이 유형은 나름대로 실력을 갖추고 있으면서 원래 있던 팀과 맞지 않았기 때문에 이곳으로 왔다. 그들은 강호고에 진학하기를 망설이다가 입학 전에 천공의 그라운드에서 열린 경기를 보고 즐거운 분위기에 이끌렸다. 그들이 이 학교에서 기대하는 것은 '지금까지와는 다른 야구'이다.

게다가 이런 유형도 있었다. 구니에다 소스케는 꽤 이름이 알려진 투수였다.

"제가 다니던 중학교는 매우 약한 팀이었어요. 제 입으로 직접 말하기는 좀 뭣하지만 저 없이는 안 될 정도였거든요. 처음에는 그게 싫었는데 시간이 지나다 보니 오히려 의욕이 생기더라고요. '어떻게 하면 이 약팀을 승리로 이끌 수 있을까?' 하는 데 재미를 느꼈지요. 하지만 선수 한 명의 힘으로는 아무리 해도 한계가 있잖아요. 그때 마침 《모시도라》를 읽고 무척 유용하겠다는 생각을 했는데, 이 학교 야구부 부장님이 그 책을 쓴 분이라는 걸 알고……."

그들은 매니지먼트에 흥미를 느껴 아사가와 고교에 들어왔다. 즉, '매니지먼트를 배우기 위한 조직'이라는 야구부의 정의에 가장 적합한 선수들이었다.

24

새로 들어온 선수들 열두 명은 곧장 흉내 내기 연습부터 시작했다. 마사요시 감독의 지시대로 명선수의 캐치볼과 스윙 자세를 그때로 따라하는 연습만 했다.

마사요시 감독은 일단 그 두 가지 연습을 철저히 시켰다. 이미 길들여진 낡은 자세를 버리게 하려는 목적이었다. 낡은 습관을 버리면서 새로운 자세를 익히는 이노베이션을 일으키려는 것이다.

마사요시 감독은 이 과정에서 많은 것을 알게 되었다. 우선 새로운 틀을 몸에 익히는 속도는 선수에 따라 크게 차이가 났다.

하야토는 습득이 무척 빨랐다. 원래 남 흉내를 잘 내기도 했지만 몸을 자유자재로 움직이는 데도 뛰어났다. 원체 자질이 있어서인지 선수 열두 명 가운데 가장 눈에 띄는 존재가 되었다.

　마키 요타로도 새로운 틀을 익히는 데 능했다. 다만 타고난 재능이 있는 게 아니라, 오히려 서툰 편이었다. 처음 연습할 때는 열두 명 중에서 가장 못하는 축에 들었다. 그런데 이후 놀랍게 성장했다.

　요타로에게는 매우 고분고분한 면이 있어서 이미 익숙해져 있는 자세를 고집하지 않고 빨리 버렸다. 그래서 시간이 좀 걸리기는 했지만 착실하게 새로운 자세를 몸에 익혀나갔다. 한 달이 지날 무렵에는 하야토에 이어 두 번째로 빨리 새로운 자세를 습득할 수 있었다.

　한편, 의외로 소스케가 난항을 겪었다. 중학교에서 나름대로 성과를 내던 선수라 그런지 이미 자세가 완성되어 있었다. 그래서 틀을 깨뜨리는 데 무척 애를 먹었다. 예전의 습관을 좀처럼 떨쳐내지 못했다.

　소스케 말고도 중학교 시절에 실적을 올렸던 성실한 선수일수록 대개 새로운 연습을 당혹스러워했다. 하야토처럼 새로운 것을 추구해 들어온 선수들이 빨리 적응했다.

　그렇게 새로운 틀을 몸에 익히는 연습이 계속되던 5월 중순의 어느 금요일, 한 사건이 일어났다. 매니지먼트팀 회의를 마친 마미가 유메와 함께 천공의 그라운드를 찾았을 때,

처음 보는 낯선 광경이 펼쳐지고 있었다. 선수들이 프리배팅을 하고 있었던 것이다.

의외의 장면에 놀란 마미가 백네트 뒤에서 선수들의 연습을 지켜보고 있는 마사요시 감독에게 달려갔다.

"대체 어떻게 된 일이에요?"

"뭐, 그냥, 잠시 쉬는 거야."

"쉰다고요?"

"응. 기본자세를 만드는 연습만 계속 하다 보면 선수들이 매너리즘에 빠져 자칫 해이해질 수도 있으니까. 가끔은 이런 것도 필요해."

"하지만……." 마미는 이때도 날카롭게 따져 물었다. "전에 감독님이 말씀하신 것과는 다른데요?"

"응?"

"전에 감독님께서 여름까지는 타격 연습을 시키지 않겠다고 하셨잖아요. 배고픔을 느껴야 오히려 공을 치고 싶다는 의욕이 불타오를 거라고요."

"아, 응. 그랬지."

"그건 감독님이 직접 결정하신 일이었어요. 그런데 왜 그 결정을 깨뜨리신 거죠?"

"응? 아, 그건 말이지. 너무 빡빡하게 하는 것도 좋지 않을 것 같아서야. 선수들도 스트레스가 쌓였을 테고."

"어쩌면 단순히 감독님이 선수들을 지도할 수 없게 된 것뿐 아닌가요?"

유메는 그 말을 듣고 놀라서 마미를 쳐다보았다.

마미는 아랑곳하지 않고 계속해서 말을 이었다.

"감독님의 지도력이 약하니까 모두 따라주지 않는 거 아녜요? 그걸 선수들 탓으로 돌리시는 건가요?"

"……"

"그거 참 이상하네요. 무엇보다도, 스스로 정한 약속도 지키지 못하는 감독이라면 선수들이 따르지 않는 것도 당연하겠죠."

이번에는 마사요시 감독도 흠칫하는 표정을 지었다. 그리고 한동안 마미의 얼굴을 아무 말 없이 바라보았다. 마미도 마사요시 감독에게서 눈을 떼지 않았다. 두 사람은 한동안 서로 노려보듯 마주보았다.

마침내 마사요시 감독이 입을 열었다.

"틀림없이 네가 말한 대로다."

"……"

"내가 잘못했다. 인정하마. 나는 선수들이 매너리즘에 빠져 있는 분위기를 감지하고 이대로 연습을 계속해도 좋을지 자신이 없어졌다. 선수들이 의문을 갖지 않을까 두려웠던 거다. 그래서 기분 전환이라는 명목을 내세워 도망쳤던 거다."

"……."

"미안하다. 반성하마. 앞으로는 스스로 결정한 일은 번복하지 않으마."

마미는 계속 아무 말 없이 감독을 바라보았다. 유메는 두 사람의 대화가 어떻게 흘러갈지 조마조마한 가슴을 억누르며 지켜보았다. 숨쉬기가 거북해지고 어지럼증까지 일었다.

하지만 마미는 그 순간 꾸벅 인사를 하며 이렇게 말했다.

"잘 부탁드립니다."

그러고는 발길을 되돌려 그라운드를 떠났다. 유메도 황급히 마미의 뒤를 따라갔다.

이 사건을 계기로 유메는 마미의 변화를 알아챌 수 있었다. 마미는 가끔씩 지금까지는 내비치지 않던 초조함과 분노를 드러내곤 했다. 그런가 하면 묘하게 차갑고 매정한 말을 내뱉을 때도 있었다. 자신의 감정을 어떻게 조절해야 할지 갈피를 잡지 못하는 듯했다. 마미가 달라진 것은 그러니까 작년 말, 매니저팀의 리더가 되고부터다. 유메는 마미가 달라진 이유를 곧 알게 되었다.

어느 날, 마미가 유메에게 이렇게 말을 꺼냈다.

"유메. 한 가지 질문이 있어."

"뭔데?"

"야구는 잘하지만 연습을 게을리하는 선수랑, 야구는 잘 못하지만 열심히 연습하는 선수. 유메라면 시합에 어느 선수를 내보낼래?"

"응? 그거 누구랑 누구 얘기야?"

"아니, 우리 야구부가 아니고 그냥 일반적으로 생각했을 때 말이야."

"일반적인 이야기라……. 어렵네. 연습을 게을리하는 선수도 야구를 잘한다면 기용하지 않을 수 없고, 야구를 잘하지는 못한다 해도 열심히 하고 있다면 기용하고 싶은데 말이야. 요는 균형의 문제인 걸까. 하지만 감정적으로는 연습을 열심히 하는 선수를 택하겠어."

"역시 그렇군. 그런데 말이지, 여기엔 또 하나의 답이 있어."

"응? 어떤 답?"

"둘 다 출전시키지 않는 거지."

"뭐라고?"

"두 사람 다 경기에 내보내지 않고, 야구도 잘하고 연습도 열심히 하는 선수를 기용하는 거야."

"뭐야 그게?" 하고 유메는 약간 어이없는 표정을 지었다. "애초에 그게 가능하다면 고민할 필요가 없잖아. 그게 불가능하니까 어떻게 하면 좋을까 질문한 거 아니었어?"

"아니." 마미는 고개를 옆으로 저었다. "이건 콜롬버스의 달걀 같은 거야."

"콜롬버스의 달걀?"

"발상의 전환이 가능한지 아닌지를 시험하는 거지."

"흠."

"야구를 잘하고 연습도 열심히 하는 선수가 있다면 유메도 무조건 기용할 거잖아."

"그야 뭐, 그렇지만."

"그렇다면 우선은 그런 선수들만으로 조직을 구성하려고 애쓰는 것이 매니지먼트에서 해야 할 일이 아닐까."

"그렇지."

"실제로 세상에는 그런 조직도 있어."

"그래?"

"응. 아야노 선생님에게 들은 말인데, 콜린스라는 경영학자가 쓴 책에는 이런 사례가 많이 실려 있대."

"흠……. 하지만."

"응?"

"그런 조직이 있다면 노력하는 것 말고는 별다른 능력이 없는 나 같은 사람은 금세 있을 곳이 없어지겠네."

그러자 마미는 눈을 동그랗게 뜨고 "뭐?" 하고 물었다. "무슨 말이야?"

"그러니까, 만약 이 야구부가 그런 경영을 한다면 나같이 매니지먼트 능력이 없는 매니저는 금방 잘릴 거라는 얘기야."

마미는 눈살을 찌푸리며 말했다.

"뭐라고? 대체 무슨 말을 하는 거야!"

"응?"

"유메는 매니지먼트 능력이 충분히 있잖아. 그러니까 인사 담당이라는 중요한 직책을 맡은 거고. 물론 노력도 하고 있고 말이야."

"그렇게 생각해?"

"그렇다니까! 넌 여전히 자신을 객관적으로 보지 못하는구나. 겸손이 지나쳐."

"겸손이라니! 그런 건 아닌데……."

"뭐, 그건 아무래도 좋아. 다시 본론으로 돌아가자면, 나 역시 노력하지 않는 선수를 기용하는 건 거부감이 들어."

"응."

"애초에 그런 선수가 한 사람도 없으면 그런 문제로 고민하지 않아도 되겠지. 그 질문의 궁극적 해답은 '고민 자체가 잘못'이라는 거야. 고민하기 전에 해결하면 되는 거지."

"역시! 하지만 그렇게 되면 노력하지 않는 사람과 잘하지 못하는 사람이 있을 곳은 어디지?"

"음……, '있을 곳이 없다'는 말이 되겠지?"

유메는 조금 당황했다. 지금까지 인사 담당으로서의 업무가 '부원들이 있을 곳을 만드는 일'이라고 믿어왔다. 그런데 만일 '있을 곳이 없는 부원도 있다'는 사실을 인정한다면 그건 인사 업무에 실패한 게 아닐까 하는 생각이 들었다.

유메는 다시 물었다.

"그럼 마미는 이 야구부를 어떤 조직으로 만들려고 하는 거야?"

"'만들려고 한다'기보다, 목표를 달성하려면 '만들어야만 하는' 게 아닐까?"

"맞아."

"하지만 실제로는 유메가 말한 대로야."

"뭐가?"

"네가 말한 것처럼 그게 가능하다면 고민할 필요도 없겠지. 현재 야구부가 그렇지 못하니까 어떻게 하면 좋을지 고민하는 거고."

말을 마친 마미는 또다시 쓴웃음을 지으며 냉랭한 표정을 내비쳤다.

제7장

유메,
예상치 못한 일을 만나다

25

 6월도 절반이 지나가고 이제 여름 대회까지 한 달밖에 남지 않았다. 이 무렵이 되면 야구부에는 변화가 찾아온다. 선수들의 포지션을 정해야 하기 때문이다. 아사가와 고교의 야구 선수는 모두 열두 명이다. 그중에서 우선 선발투수 두 명과 구원투수 두 명을 결정해야 한다.

 투수를 선발하는 가장 큰 평가 기준은 새로운 틀을 얼마나 잘 습득했느냐였다. 그래서 선발투수로는 하야토와 요타로가, 구원투수로는 이 두 사람에 이어 성장세를 보인 구사오카 켄과 오카 세이시로가 각각 선발되었다. 한편 중학교에서 제법 이름을 알렸던 소스케가 이번 선발에서 누락되었다.

이번 인선은 마사요시 감독과 아야노 부장 주도로 이루어졌다. 유메는 곁에서 그 과정을 지켜보고 있었을 뿐인데도 두근거리는 가슴을 억누를 수가 없었다. 특히 소스케를 생각하면 마음이 짠했다.

'구원투수로도 선정되지 못한다면 어떤 기분일까? 더군다나 중학교 때 후보였던 선수가 오히려 선발투수로 뽑혔으니 분명 큰 충격을 받았을 텐데.'

유메는 마미에게 어떻게 하면 좋을지 상담을 청했다.

"우리가 해줄 수 있는 게 뭐 없을까?"

마미는 시원스럽게 대답했다.

"그거야 뭐, 역시 소스케의 이야기를 들어주는 거밖에 더 있겠어?"

그래서 두 사람은 4월에 한 번 실시했던 면담을 다시 한 번 하기로 했다. 포지션 결정에 관해서 그들의 가슴속에 담긴 솔직한 심정을 듣고 싶었다.

두 사람은 먼저 소스케와 이야기를 나누었다. 그런데 그는 의외의 말을 꺼냈다.

"아니, 오히려 기분이 개운한걸요."

"뭐라고?"

어리둥절해하는 마미에게 소스케는 웃는 얼굴로 대답했다.

"사실은 저도 어렴풋이 깨닫고 있었어요. 제 투구가 고등학교에서는 더 이상 통하지 않는 게 아닐까 하고요."

"왜 그렇게 생각했지?"

"중학교 때 거의 저 혼자서 팀을 지탱하면서 던졌기 때문인 건 아니지만, 아무래도 잔재주에 가까운 기술에 의지하다 보니 깊이가 없고 실력이 늘지 않았어요. 특히 스피드가 좀처럼 좋아지질 않았거든요."

"그랬구나. 전문적인 기술은 잘 모르겠지만. 그렇다면 이제 미련은 없는 거야?"

"없다면 거짓말이겠죠. 하지만 지금은 현실을 받아들이려고 해요. 실제로 새로운 틀을 익히는 것도 다른 사람에 비해 뒤처지거든요. 다만 타격 자세가 몸에 잘 붙고 있으니까 다른 포지션에서 주전 선수 자리를 노릴 거예요. 다행히 발이 빠른 편이라 외야수를 목표로 하려고요."

소스케는 매니지먼트를 배우기 위해 이 학교에 들어왔다고 한 만큼, 자신을 포함한 팀 전체를 객관적으로 바라볼 수 있었다. 그래서 자신이 설 위치도 정확히 파악했고, 그 속에서 자신이 있을 곳을 어떻게 만들어야 할지 이미 스스로 전략을 짜고 있었다. 그런 의미에서 인사 담당자로서는 가장 손이 덜 가는 선수였다. 오히려 협력을 구하면 누구보다도 든든한 파트너가 되어줄 만한 존재였다.

역시나, 얼마 안 있어 소스케는 팀의 주장으로 임명되었다. 그래서 선수들과 매니저 사이의 다리 역할을 하며 팀에 없어서는 안 될 인물이 되었다.

이어서 마미와 유메는 선발투수로 뽑힌 두 사람, 하야토와 요타로의 이야기를 들어보았다. 두 사람의 반응은 대조적이었다.

우선 하야토는 투수에 선발된 것을 매우 긍정적으로 받아들이고 있었다.

"저는 지금 무척 보람을 느끼고 있어요." 하야토는 가장 먼저 이 말을 했다. "새로운 틀이라는 것이, 무척 깊이가 있고 재미있어요. 지금은 야구부 안에서 가장 잘한다는 말을 듣고 있지만 사실은 아직 원하는 만큼 잘되진 않아요. 그래서 더 열심히 몸에 익히려고 하고 있어요."

"선발투수로 뽑힌 소감은 어때?"

"처음에는 좀 놀랐지만, 그래도 기뻐요. 역시 투수는 야구의 꽃이라고 불리는 만큼, 제 마음속 어딘가에도 해보고 싶은 욕심이 있었으니까요."

그 말에 마미가 이렇게 말했다.

"우리 야구부는 선발투수 로테이션 제도를 확립하려고 해."

"네."

"그러니까 선발이라고 해도 '부동의 에이스'인 건 아니고 구원투수를 포함한 네 명 중 한 사람인 거지. 하야토가 그 '팀의 일원'으로서 역할을 다해주면 좋겠어."

"네. 알겠습니다. 그런데 구체적으로 어떻게 하면 되는 건가요?"

"응. 다른 투수를 선발 자리를 놓고 다투는 '라이벌'이 아니라 서로 협력하는 '파트너'로 생각해줬으면 해. 가령 요타로가 경기에 등판해 투구를 하다가 안타를 맞는다고 해서 같은 선발투수인 하야토가 대신 나가는 일은 없을 거니까."

"네."

"그러니까 하야토가 평소 연습할 때 요타로와 경쟁할 게 아니라 그의 실력을 끌어올려주면 좋겠다는 거야. 서로 협력해서 전체로서 함께 성장해주었으면 해. 그게 바로 팀의 일원으로서 역할을 다하는 일이거든."

"역시 그렇군요. 맡겨주세요. 요타로와는 이미 새로운 틀을 익히면서 서로 가르쳐주고 있거든요."

"그래? 두 사람, 사이가 좋은 거야?"

"네. 좋은 편이에요. 그 친구와는 마음이 잘 맞아요."

"그거 참 잘됐네. 아, 하지만 요타로하고 둘이서만 서로 도우면 안 돼. 켄이나 세이시로도 그렇고, 내년에 새로 들어올 후배들도 마찬가지야. 어쨌든 투수 전원이 역할을 분담해서 서로 도움이 되는 관계를 유지해야 돼."

"알겠습니다!"

하야토는 선뜻 대답하며 고개를 끄덕였다.

한편 요타로는 뭔가 골똘히 생각하는 표정을 지었다. 두 사람과의 면담에서 그는 첫마디를 이렇게 꺼냈다.

"저는 우리 팀이 걱정이에요."

"무슨 뜻이지?"

"그게 말이죠. 저를 투수로 선발하셨잖아요. 괜찮을까요?"

"무슨 소릴 하고 있어! 감독님과 아야노 선생님을 믿지 못한다는 거야?"

"아뇨, 그런 말이 아니에요. ……하지만 제가 투수를 맡아도 되나 해서요."

"되고 말고가 어딨어? 실력으로 뽑힌 거니까 자신감을 가져. 그런 마음가짐이라면 다른 사람에게도 폐가 되는 거야. 선발되지 못한 선수들도 있잖아."

"네. 그건 분명 제가 실수했군요."

"게다가 요타로 혼자 던지는 것도 아니니까 말이야."

"네?"

"하야토에게도 이미 말했지만, 우리 팀에서는 선발투수 로테이션 제도를 확립하려고 해. 그게 목표대로 이루어지면 고교야구에 이노베이션을 일으킬 게 틀림없거든."

"네."

"그때 중요한 것은 투수진이 '팀'이라는 사실이야. 어느 한 사람이 아니라 모두가 실력을 높여야만 하는 거지."

"그런 뜻이군요."

"그러니까 요타로는 혼자가 아니야. 만약 생각만큼 잘하지 못한다 해도 다른 누군가가 도와줄 거야."

"정말이요?"

"물론 다른 누군가가 잘되지 않을 때는, 그때는 요타로가 그 사람을 도와주는 거지. 그렇게 서로 도와주는 관계를 구축해줬으면 해."

"네."

"괜찮겠어?"

"다른 투수에게 누가 되지 않도록 노력하겠어요."

하지만 요타로는 끝까지 어두운 표정이었다.

그때부터 선수들은 정해진 포지션에 맞춰 연습에 돌입했다. 투수는 투구 연습을 하고 야수진은 수비 연습을 했다. 물론 기본자세를 몸에 익히기 위한 연습은 계속되었다.

수비 연습에서는 노크 훈련(감독이나 코치가 쳐주는 공을 수비수가 잡아내는 수비 연습-옮긴이)보다 수비 위치에 선 상태에서 캐치볼을 하는 시간이 더 많았다.

더욱이 타격 연습을 거의 하지 않았다. 특히 '볼을 치는' 연습을 전혀 하지 않고 대신 '볼을 끝까지 지켜보는' 연습을 실시했다. 타석에 들어서서 단지 볼을 노려보는 동작만 반복했다.

볼을 끝까지 지켜보는 동작은 마사요시 감독이 고안한 배팅 연습의 한 가지 틀이다. 배팅을 할 때는 배트를 휘둘러 볼을 세게 쳐내기 위한 정확한 스윙도 중요하지만, 그 이전에 볼을 끝까지 보아야 한다. 볼을 끝까지 보지 못하면 배트로 맞힐 수도 없고, 설사 날카로운 스윙을 한다 해도 아무 의미가 없다.

그래서 선수들은 볼을 침착하게 바라보며 그 궤도를 예측할 수 있도록 '눈을 훈련하는 연습'을 했다. 이때도 명선수의 자세를 틀로 삼아 연습했다. 열두 명의 선수는 왕년에 메이저리그에서 이름을 날렸던 배리 본즈(Barry Lamar Bonds)와 데릭 지터(Derek Sanderson Jeter)가 볼을 지켜보는 동작을 흉내 내면서 연습에 몰두했다.

한편 마미와 유메의 면담은 그 뒤로도 계속되었다. 이번에는 투수 외의 다른 선수들에게 이야기를 들었다.

그러자 많은 선수가 배팅 연습을 하지 않는 게 불안하다고 입을 모았다.

"볼을 전혀 치지 않고도 정말 괜찮을까요? 시합에서 제대로 칠 수 있을까요?"

마미는 예전에 도모아키에게 들은, 전 프로야구 선수 구와

타 마스미의 이야기를 들려주었다.

"구와타 선수는 프로에 입단하고 나서 거의 배팅 연습을 하지 않았다고 해."

"그래요?"

"응. 대신 캐치볼을 할 때 배팅 연습을 했대."

"무슨 말이죠?"

"볼을 잡는다는 건, 볼을 지켜보고 그것을 글러브로 잡는 행위잖아? 구와타 선수에 따르면 그 글러브가 배트로 바뀐 게 배팅일 뿐이야. 그래서 캐치볼을 할 때 '볼을 끝까지 지켜보는 것'과 '볼을 잡아내는 것'을 의식하면 자연히 배팅 연습도 된다고 해. 실제로 구와타 선수는 투수로서는 파격적인 타격 성적을 기록했으니까."

선수들은 그 이야기를 참고해, 캐치볼을 할 때도 볼을 끝까지 지켜보고, 그러고 나서 볼을 잡는 일련의 동작을 의식하게 되었다.

26

그로부터 눈 깜짝할 사이에 한 달이 지나고 드디어 여름 대회가 열렸다. 25년 만에 출전하는 아사가와 고교는, 물론

이 토너먼트 경기에서 시드권을 받지 못했지만 운 좋게도 추첨으로 2차전부터 치르게 되었다.

첫 경기가 열리기 전날, 야구부 매니지먼트팀 리더인 고다마 마미는 연습이 끝나고 천공의 그라운드에서 열린 회의에서 선수를 포함한 모든 부원을 상대로 말했다.

"드디어 내일부터 여름 대회가 시작됩니다. 그렇지만 특별할 건 아무것도 없습니다. 단지 시작일 뿐입니다. 피터 드러커는 이렇게 말했어요."

이노베이션에 성공하려면 작게, 그리고 단순하게 시작해야 한다.

"우리는 지금까지 끊임없이 이노베이션에 관해 생각해왔습니다. 그리고 많은 일을 계획해왔지요. 이번 대회는 그 계획을 실행하는 자리가 되었으면 합니다. 반드시 다양한 결과를 얻을 수 있을 겁니다. 물론 실패할 수도 있겠지요. 하지만 그 실패야말로 앞으로 새로 조정하고 변경해나가는 데 귀중한 자료가 될 겁니다. 그러므로 실패를 두려워하지 말고 힘껏 뛰어주십시오. 오히려 실패를 목표로 삼는다는 마음으로 임해주시길 부탁드립니다."

마침내 첫 경기를 맞이했다. 그리고 이때 아사가와 고교는 '예상치 못한 일'을 만나게 된다. 모두의 예상과 다르게 쾌조를 보였던 것이다.

2차전을 콜드게임으로 이기고 계속된 3차전을 끈질긴 투수전 끝에 승리했다. 그러자 기세가 올라 4차전에 이어 5차전도 돌파했다. 그리하여 순식간에 8강에 진입했다. 이 쾌거의 배경에는 예상치 못한 성공이 몇 가지 있었다. 우선 타선이 생각지 못한 활약을 보여주었다.

지금까지 아사가와 고교는 배팅 연습을 전혀 하지 않았다. 그래서 타선이 활약한다는 것은 그 누구도, 심지어 선수들 본인조차 기대하지 않았다. 그런데 막상 시합이 시작되자 선수들이 마구 안타를 뽑아냈다.

지금까지 3개월에 걸쳐 착실히 스윙 동작을 연습했기 때문이기도 하지만, 직접 배팅을 하지 않았던 탓에 선수들이 그만큼 볼에 굶주린 까닭이기도 했다. 마사요시 감독이 계획했던 '톰 소여의 페인트칠하기' 작전이 톡톡히 효과를 거둔 것이다.

더욱이 아사가와 고교 선수들은 대부분 중학 시절에 눈에 띄지 않았다. 그래서 출전 기회를 얻고자 새로 야구부를 부활시킨 이 학교로 들어온 만큼 경기에 출전하고 싶다는 갈망으로 가득 차 있었다. 그래서 이날 타선이 폭발한 것이다.

특히 상대팀의 이류 투수가 던지는 볼에 대한 파괴력은 엄청났다. 그동안 연습을 통해 볼을 끝까지 지켜보는 데 능숙해졌고 스윙이 안정되어 있어서 헛스윙도 드물었다. 만만한 볼을 확실하게 골라 칠 수 있었다.

반면에 일류 투수에게는 약한 면모를 드러냈다. 투수가 던진 공의 속도가 빠르거나 날카로운 변화구인 경우, 끝까지 지켜보기가 어려워 좀처럼 쳐내질 못했다. 이때는 저력 차가 여실히 드러났다.

아사가와 고교가 연습으로 만들어낸 새로운 틀의 타격 자세는 실력이 서로 엇비슷한 상대에게는 강력한 효과를 냈지만 실력 차가 큰 상대에게는 좀처럼 통하지 않았다.

일류 투수에게 약하다는 사실은 그 후로도 아사가와 고교의 타선에 과제로 남았다.

한편, 하야토와 요타로, 두 사람의 선발투수도 타선과 마찬가지로 뛰어난 활약을 했다. 특히 선발투수 중 이인자인 요타로가 눈부신 피칭을 선보였다.

첫 경기인 2차전에서 하야토가 선발투수로 나서서 압승을 거둔 아사가와 고교는 3차전에서는 2차전과 달리 고전했다. 타선이 상대 에이스 투수의 속구에 맥을 추지 못했던 것이다. 그래서 일류 투수에게 약하다는 단점이 경기 초반에 일찌감치 드러났다.

하지만 아사가와 고교의 선발투수로 나선 요타로도 상대 타선의 공격을 잘 막아냈다. 특히 포볼을 한 번도 내주지 않고 깔끔하게 마무리해 9회까지 1점도 허용하지 않았다. 결국 9회 말에 상대의 실수로 대망의 1점을 얻은 아사가와 고교가 끝내기 승을 거두었다.

특히 요타로가 두 번째로 등판한 5차전에서 선보인 투구는 압권이었다. 상대팀이 삼루를 한 번도 밟지 못하게 봉쇄한 호투로 두 경기 연속 완투승을 이루어냈다.

경기 상대는 고시엔 대회에도 몇 번이나 진출한 적 있는 강호팀이었다. 그 팀이 패배하리라고는 아무도 예상하지 못했던 분위기 속에서 벌인 쾌투라서 상당히 인상적이었다.

시합이 끝나자 아사가와 고교에 수많은 보도진이 모여들었다. 마사요시 감독과 함께 그날의 영웅이 된 요타로도 질문 공세를 받았다. 기사는 다음 날 신문의 지방란은 물론 전국판 스포츠지에도 게재되었다.

하야토와 요타로, 두 선발투수의 활약은 '톰 소여의 페인트칠하기' 효과라기보다는 마사요시 감독이 고안한 흉내 내기 연습이 주효한 결과였다. 두 사람은 메이저리그에서 활약하는 우에하라 고지 투수의 투구 자세를 기본 틀로 삼아 철저히 따라하며 연습했는데, 그 결과 제구력이 극적으로 향상되는 혁신을 이루어냈던 것이다. 우에하라 투수의 가장 큰 특징은 자신의 뜻대로 투구를 조절하는 능력이 뛰어나다는 점이다. 하야토와 요타로는 우에하라 투수의 투구 자세를 본

보기 삼아 훈련함으로써 제구력이 비약적으로 향상되었다.

제구력이 향상되자 여러 가지 좋은 결과가 이어졌다. 우선, 투구 수가 적어지니 체력을 아낄 수 있었고 포볼이 줄어들어 상대에게 점수를 내줄 확률도 줄어들었다. 게다가 뒤에서 수비하고 있는 야수들에게는 리듬이 생겨 수비력이 강해진 동시에 배팅도 좋아졌다. 이렇게 투수의 제구력이 좋으니 일석삼조, 아니 일석사조의 효과가 나타났다. 요컨대 그 자체가 아이디어였던 것이다.

이렇게 해서 아사가와 고교는 뜻밖에도 8강에 진출했다. 준준결승 상대는 작년에 도쿄 서부 지역을 대표했던 학교로, 예전에 두 번이나 전국 우승을 달성한 적 있는 사립 다키노미야 고교였다.

다키노미야 고교는 올해도 제1시드권을 부여받은, 우승 후보의 필두였다. 또한 작년부터 몇 번이나 천공의 그라운드에서 연습 경기를 했던 학교로, 아사가와 고교와는 인연이 깊은 상대이기도 했다.

아사가와 고교 매니저들은 누구보다도 이 시합을 기뻐했다. 토너먼트의 높은 순위에서 대전함으로써, 연습 경기 때 그라운드를 사용해준 은혜에 보답할 수 있다고 여겼기 때문이다.

아사가와 고교 매니저들에게 이 경기의 승패는 큰 문제가 아니었다. 그보다도 지금까지 준비해온 이노베이션이 전년도 제왕에게 얼마나 통하는지 확인할 절호의 기회였다.

그렇게 맞이한 8강전 경기는 5차전에서 요타로의 쾌투가 크게 보도되어서인지 수많은 관중이 모여들었다. 덕분에 무대가 된 진구 구장은 내야석이 꽉 찰 정도였다. 구장에 모여든 관중도 아사가와 고교 매니저들과 마찬가지로 이 시합을 은근히 기대하고 있었던 것이다.

그런데 이때 또다시 예상치 못한 일이 벌어졌다. 선발 예정이었던 에이스 투수 하야토가 시합 당일 아침에 갑자기 '볼을 던질 수 없다'고 폭탄선언을 한 것이다. 배가 아프다는 이유였다.

준준결승전은 오전 8시 30분에 예정되어 있었다. 아사가와 고등학교 야구부원들은 오전 6시에 학교 정문 앞에 모여서 함께 마이크로버스를 타고 구장으로 향할 예정이었다. 구장까지는 약 한 시간이 걸린다. 다만 유메를 비롯한 매니저들은 만일의 경우를 대비해 5시 30분에 모이기로 했다. 혹시라도 무슨 일이 생기면 발 빠르게 대응하기 위해서였다.

유메는 4시에 일어났다. 긴장과 흥분으로 들떠 깊이 잠들지 못해 일찍 눈이 떠졌는데도 별로 졸리지 않았다. 하지가 막 지났다고는 하지만 아직 바깥은 어스레했다. 그래도 집을 나설 즈음에는 하늘도 완전히 밝아졌다. 유메는 여름의 아침 해가 비치는 아사가와의 둑길을 걸으며 오늘 열릴 시합에 관해 이런저런 생각을 떠올렸다. 사람의 왕래가 거의 없어 한적했다.

학교에 도착하자 약속 시간보다 15분 이른 5시 15분이었다. 그때는 아직 아무도 오지 않았지만, 곧이어 매니저들이 한 사람씩 모여들었고 아야노 부장, 그리고 선수들과 감독도 차례로 도착했다.

이윽고 집합 시간인 아침 6시가 가까워졌다. 이제 마이크로버스도 도착해 있었다. 아사 강의 수면에 반사되어 반짝이는 아침 햇살을 바라보며 모두들 이제나저제나 출발하기만 기다렸다. 그런데 선발투수로 등판할 예정인 하야토만이 아직 오지 않고 있었다. 시각은 어느새 6시를 지났다.

당황한 유메가 하야토에게 전화를 걸었다. 하야토는 툭하면 지각하는 버릇이 있었지만, 그래도 중요한 날이다 보니 느긋하게 기다릴 수만은 없었다. 하지만 하야토는 전화를 받지 않았다. 유메는 점점 더 불안해졌다. 그리고 5분이 지났을 즈음에야 드디어 역 쪽에서 둑길을 걸어오는 하야토의 모습이 보였다.

유메는 가만있지 못하고 하야토 곁으로 달려가서 먼저 말을 걸었다.

"하야토! 왔어? 무슨 일 있어? 괜찮아?"

유메는 하야토가 긴장이 되어 잠을 이루지 못하다가 늦잠을 자는 바람에 늦은 게 아닐까 하고 추측했다. 그래서 그렇게 말을 걸었는데, 그때 생각지도 못했던 대답을 들었다.

"아, 유메 선배. 마침 잘됐네요. 사실은 할 말이 있어요."

유메는 갑자기 불안한 마음이 들었다. 하야토가 이런 말을 꺼낸 적은 단 한 번도 없었다.

"뭔데? 무슨 일이야?"

하야토는 배를 움켜쥐면서 대답했다.

"실은 아침부터 계속 배가 아파요."

"뭐라고?"

"그래서 오늘은 공을 던지지 못할 것 같아요."

"뭣?"

유메는 머릿속이 새하얘졌다. 뭘 어떻게 해야 좋을지 아무 생각도 나지 않았다. 오로지 우선 마미에게 알려야 한다는 생각만 떠올랐다. 얼른 발길을 돌려 마미가 있는 쪽으로 달려가 조금 전 하야토에게 들은 이야기를 전해주었다. 그런데 이때, 이번에야말로 생각지도 못했던 일이 벌어졌다. 하야토의 말을 전한 순간, 마미가 불같이 화를 냈다.

27

마미는 격노했다.

유메에게 이야기를 듣자마자, 배를 부여잡은 채 서 있는 하야토에게 성큼성큼 걸어가서 그를 똑바로 쳐다보면서 낮은 목소리로 경고하듯 말했다.

"만약 오늘 볼을 던지지 못하겠다면 지금 당장 야구부에서 나가줘야겠어."

유메는 깜짝 놀랐다. 마미가 그렇게 화를 내는 모습은 처음 보았다. 다른 부원들도 놀라긴 마찬가지였다. 마미의 심상치 않은 태도에 놀라 모두 숨을 죽였다. 학교 정문 앞은 찬물을 끼얹은 듯 조용해졌다. 이 정적을 깨고 하야토가 겨우 입을 열었다.

"그게…… 무슨 뜻이에요?"

마미는 잠깐 아무 말이 없었다. 유메는 입을 다물고 있는 마미를 바라보다가 다시 한 번 깜짝 놀랐다. 마미의 얼굴이 새빨개져 있었다. 마미는 최대한 화를 억누르고 있었다. 화가 나는 것을 참으려고 얼굴이 새빨개졌다는 것을 유메는 바로 알 수 있었다. 하지만 마미가 왜 그렇게까지 화를 내는지는 몰랐다. 유메는 당황해서 마미에게 다가가 어깨에 손을 올리고는 물었다.

"마미, 왜 그래?"

하지만 그 말이 계기가 되었는지, 마미는 하야토를 노려보며 말했다.

"우리 야구부는 이노베이션을 일으키는 게 목표야. 그러기 위해서는 실패가 정말 중요해. 이건 지금까지 숱하게 말했을 텐데?"

마미의 추궁에 하야토는 당혹감을 감추지 못하며 고개를 끄덕였다.

"예. 아, 네."

"그런데 왜 공을 던지지 않겠다는 거지?"

"네?"

"네가 던지지 않으면 모처럼 잡은 실패 기회를 망치게 되잖아. 그러면 경험이나 정보를 얻을 수 없단 말이야."

마미는 뜸을 들였다가 다시 말을 이었다.

"다시 말해서, 야구부에 엄청난 폐를 끼치는 거라구!"

하야토는 당황한 표정을 풀지 못한 채 이렇게 되물었다.

"그런가요? 하지만 오히려 컨디션이 안 좋은데 억지로 던지는 것이 모두에게 폐를 끼치는 행동 아닐까요?"

"뭐야?"

"야구는, 아니 어떤 스포츠든, 경기를 하는 이상 컨디션이 가장 좋은 선수를 기용하는 게 당연하잖아요. 저는 오늘 몸이 안 좋아서 제대로 된 투구를 하지 못할 거예요. 그게 아니래도 요즘은 요타로가 꽤 컨디션이 좋고 말이죠. 게다가 상대는 그 유명한 다키노미야 고교예요. 만일 이기려고 한다면, 아니 제대로 된 시합을 하려면 상식적으로 생각했을 때 요타로가 던지는 수밖에 달리 선택지가 없지 않겠어요?"

그 말을 들은 마미는 한동안 아연한 표정으로 하야토를 응시했다. 그리고 마침내 고개를 옆으로 저으면서 말했다.

"넌 정말 아무것도 모르는구나. 이곳에 와서, 이제 와서 그런 말을 하다니! 우리 목표는 네가 말하는 그 '상식'을 깨뜨리는 거야. 지금까지 잘해왔잖아. 선발투수 로테이션 제도를 확립한다는 상식 밖의 혁신을 일으켜 고교야구계 자체를 바꾸기 위해서 지금까지 애써온 거잖아. 그러니까 설령 하늘과 땅이 뒤바뀐다 해도 요타로에게 던지게 할 순 없어. 그런 것도 모르겠어?"

그 말을 들은 하야토는 여전히 당황한 표정이었다. 마미는 다시 한 번 못을 박았다.

"넌 아무래도 이 야구부에 어울리지 않아. 역시 나가주는 수밖에 없겠어."

그때 걱정이 되어 가까이 다가온 요코가 말했다.

"아픈데 어쩔 수 없잖아. 요타로가 던지느냐 아니냐는 별개의 문제고, 어쨌든 대신할 다른 투수를 세워야지."

"아니!" 마미는 요코 쪽은 쳐다보지도 않고 하야토를 노려본 채 말했다.

"이건 몸이 아프고 어쩌고의 문제가 아니야. 매니지먼트의 진지함에 관한 문제라고."

그러고 나서 마미는 다시 요코를 쳐다보았다.

"콜린스는 가장 중요한 자산은 인재가 아니라 적합한 인재라고 말했어. 부적합한 인재는 무리에서 떠나야 한다고 말이지."

그러고는 다시 한 번 하야토를 보며 말을 이었다.

"난 지금 이 말의 의미를 확실히 깨달았어. 부적합한 인재는 이노베이션을 망쳐놓을 뿐이야. 모두의 노력을 한순간에 물거품으로 만들어. 그러니 더 이상 던지지 않아도 좋아. 이제 버스에 타지 않아도 돼. 두 번 다시 야구부에 관여하지 않아도 된다고."

그러자 그때, 요타로가 "저……" 하고 조심스럽게 입을 열었다.

"저는 괜찮아요. 던지겠어요. 하야토가 몸이 안 좋다면 돕는 것이 동료잖아요."

하지만 마미는 요타로의 말에는 대답하지 않았다. 대신 무척 절망적인 표정으로 한숨을 쉬며 어깨를 축 늘어뜨렸다.

그때였다. 유메가 갑자기 끼어들었다.

"저……."

그러자 모두 놀라 유메를 보았다. 오직 마미만은 유메를 쳐다보지 않았다. 마미는 아래쪽으로 고개를 숙인 채 가만히 있었다. 그래도 유메는 말을 계속 이어갔다.

"이것도 말야, 이것도 '예상치 못한 일' 아닐까?"

"응?" 요코가 반응했다.

유메는 이번에는 요코를 쳐다보면서 말했다.

"이런 일이 일어날 거라고는 아무도 예상하지 못했잖아. 설마 하야토가 배가 아파 던질 수 없게 될 줄 누가 알았겠어. 게다가 마미가 화가 난 것도 그렇고……."

유메는 마미의 표정을 힐끗 살펴보았다. 하지만 마미는 더욱 깊이 고개를 숙일 뿐이었다.

유메는 말을 계속했다.

"이 일을 이노베이션의 기회로 만들 수 있지 않을까? 이를테면 '실패가 중요하다'는 것도 말로는 늘 하고 있지만 모두에게 제대로 받아들여지지는 않았다는 걸 알게 되었잖아. 그것만으로도 수확이라고 생각해."

그러고 나서 모두를 돌아보며 말했다.

"게다가 이건 우리 매니지먼트팀의 실패이기도 해."

"응?" 하고 다시 묻는 요코에게 유메가 대답했다.

"야구부의 정의라든가, 이노베이션의 목표, 그리고 실패에 대한 사고방식을 하야토나 요타로에게 제대로 전달하지 못한 것은 우리 매니저들의 실패이기도 하다는 뜻이야. 그러니까 그만두고 말고를 얘기하기보다는 이 실패를 어떻게 활용하면 좋을지를 지금부터 함께 생각해야 하지 않을까. 물론 시합에서 실패하는 것도 귀중한 경험이겠지만 시합 전에 일어난 이런 일도, 이건 이것대로 소중한 경험이라고 생각해."

이 말을 듣고 모두 다시금 조용해졌다.

마사요시 감독과 아야노 부장은 그동안 아무 말도 하지 않았다. 두 사람은 학생들의 대화에 끼어들지 않고 말없이 상황을 지켜보았다.

이윽고 마미가 얼굴을 들었다. 그러고 나서 천천히 유메를 돌아보며 말했다.

"유메!"

"응?"

"네 말이 옳아."

"응?"

"네가 맞았어. 네가 말한 게 옳다고 생각해."

"그렇다면……" 하고 유메가 말을 꺼내려던 순간이었다. 마미가 유메의 말을 막듯이 먼저 입을 열었다.

"그러니까 내가 매니저를 그만두겠어."

"뭐라고?"

"잘못한 건 나였어. 이노베이션을 망치려고 한 사람은 바로 나였던 거야. 부적합한 인재는 나라고."

"무슨 말을 하는 거야?"

"버스에서 내려야 하는 사람은 나야. 그러니까 나, 지금 당장 매니저를 그만두겠어."

그렇게 말하고 마미는 그대로 둑길을 달려 역 쪽으로 향했다. 그리고 순식간에 모두에게서 멀어졌다. 요코와 사쓰키가 당황해서 뒤를 쫓아갔지만 조금 가다 말고 포기했다.

마미는 중학교 시절 육상부 장거리 선수였다. 그만둔 지 꽤 되었다고는 하지만 달리기 실력은 여전했다. 유메는 마미를 쫓아갈 엄두조차 내지 못했다. 그저 어리둥절한 채로 그 자리에 서 있을 뿐이었다.

28

결국 준준결승전에는 마미와 하야토가 빠진 채 출전했다. 하야토도 배가 아프다면서 그냥 집으로 돌아갔다.

경기에는 구원투수인 구사오카 켄이 선발로 나섰다. 하지만 일찌감치 안타를 얻어맞았고 뒤이어 교체된 또 한 명의 구원투수인 오카 세이시로도 그 흐름을 끊지 못해 5회까지

10점을 내줬다.

한편 공격에서도, 장래 프로 입단이 유력시되고 있는 다키노미야 고교의 에이스 투수인 2학년 우라시마 고타로 앞에서 득점은커녕 안타 한 개도 쳐내지 못했다. 경기는 5회 콜드게임으로 깨끗이 지고 말았다.

비록 완패하기는 했지만 관중은 1학년 선수만으로 8강까지 올라간 아사가와 고교에 아낌없는 박수를 보내주었다. 하지만 경기를 마친 부원들의 표정은 어두웠다. 시합 전에 있었던 일이 모두의 마음에 어두운 그림자를 드리웠기 때문이다. 그리고 그 그림자는 예상외로 꽤 파장이 컸다.

우선 마미가 정말로 야구부에 나오지 않았다. 그녀는 방과 후만 되면 뿌르르 가방을 챙겨 황급히 돌아갔다. 유메는 또다시 교실 창밖을 내다보며 눈으로 마미를 배웅하게 되었다. 돌아가는 마미의 뒷모습을 바라보면서 유메는 몇 번이고 스스로에게 물었다.

'어쩌다가 이렇게 된 걸까?'

그리고 혼잣말을 했다.

'나는 단지 마미와 친해지고 싶었던 것뿐인데……'

마미가 하야토에게 야구부를 그만두라고 다그칠 때 유메가 끼어든 것은 마미를 감싸주기 위해서였다. 그때 마미의 말이 지나치다고 생각했기에 이야기를 서둘러 딴 데로 돌리려고 했던 것이다.

하지만 유메의 말이 오히려 역효과를 내 마미의 기분을 상하게 하고 말았다. 그래서 마미가 야구부를 그만두겠다고 선언하는 최악의 사태로 이어졌다.

유메는 이 일로 자기혐오에 빠졌다. 그리고 몇 번이나 자신도 야구부를 그만두려고 생각했다. 마미가 없는 지금, 더 이상 야구부에 남아 있는 의미가 없다고 생각했다.

하지만 한편으로는 좀처럼 결단을 내리지 못하고 있었다. 지금 그만두는 것은 무책임한 행동이다. 게다가 이런 상황에서 그만둔다면 마미가 기뻐하지 않을 거라는 생각이 들었다.

마미는 정에 휘둘리지 않는 이성적인 면이 있었다. 그래서 친구가 자신의 뒤를 따라 야구부를 그만둔다면 오히려 부담을 느낄 것 같았다. 그래서 유메는 야구부 매니저를 계속 하겠다는 결단도, 그만두겠다는 결단도 내리지 못한 채 딜레마에 빠졌다.

게다가 이때 유메에게는 고민거리가 또 하나 있었다. 바로 하야토다. 하야토 또한 마미와 마찬가지로, 준준결승날 아침의 그 일 이후로 야구부에 발길을 뚝 끊었다. 친구인 요타로가 하야토에게 몇 번이나 연습에 나오라고 설득했다. 하지만 긍정적인 대답을 듣지 못한 채 시간만 흘러갔다.

유메는 인사 담당자로서 하야토와 직접 만나서 이야기를

나눠보고 싶었다. 하지만 하야토가 피하고 있어 좀처럼 기회를 잡지 못했다.

그렇게 눈 깜짝할 사이에 이주일이 지났다. 여름 지구 예선은 이미 끝나고 다키노미야 고교가 2년 연속해서 고시엔 대회에 출전하게 되었다. 학교도 여름방학에 들어가 야구부는 교사를 사용한 합숙 훈련을 시작했다.

그때 아야노 부장이 유메를 불렀다. 유메가 교직원실 옆의 응접실로 가자 아야노 부장이 말을 꺼냈다.

"실은 마미 일로 불렀어."

"네."

"나오지 않은 지 얼마나 됐지?"

"이주일이에요."

"그렇구나. 그래, 야구부는 어때?"

"네?"

"매니지먼트에 뭔가 지장이 있지는 않아?"

"글쎄요" 하며 유메는 잠깐 생각하고 나서 대답했다.

"물론 분위기가 좋은 건 아니지만 실제적인 문제는 별달리 아무것도 없어요."

"그래?"

"네, 실은 지난번 매니저 회의에서도 이 일에 관해 이야기를 나눴어요. 마미가 나오지 않아서 뭔가 지장이 있지는 않은가 하고요. 그래서 그날 많은 이야기가 오갔는데 최종적으로는 '놀랄 정도로 아무 일도 없다'는 결론이 나왔어요."

"그래? 어째서지?"

"그건, 마미가 없어도 매니저와 선수들에게는 자신이 해야 할 일이 정해져 있어서죠. 각자 자기 일에 몰두하고 있으면 어쨌든 현장은 돌아가기 때문이라고 생각해요."

"흐음. 그거 흥미롭네." 아야노 부장은 고개를 끄덕이며 말했다. "피터 드러커가 말하는 '매니저의 조건' 중 하나는, 설령 그 매니저가 없어진다고 해도 조직이 잘 돌아가도록 하라는 거야."

러시아에서 스탈린 사후에 일어났듯이, 또한 모든 기업에서 항상 일어나듯이, 뛰어난 리더는 자신의 퇴임이나 죽음을 계기로 조직이 붕괴되는 게 가장 수치스러운 일이라는 사실을 알고 있다.

아야노 선생님의 말에 유메는 이렇게 대답했다.

"네. 그런 의미에서 마미는 무엇이 부끄러운 일인지 알고 있는 매니저였다는 말씀이시군요. 저는 처음에 마미가 없으면 이 야구부는 끝이라고 생각했지만, 전혀 그렇지 않았어요."

"하지만 굉장한 일이잖아."

"다만 무척 쓸쓸한 일이기도 해요. 선생님."

"응?"

"매니지먼트란 건 사람들이 있을 곳을 만드는 일이잖아요?"

"그렇지."

"하지만 아까 드러커의 말에 따르면 '자신이 있을 곳을 없애는' 것도 매니지먼트의 임무가 되지 않나요?"

"응?"

"그러니까 '자신이 없어도 조직이 유지되도록 하는 것이 매니저'라면 자신이 있을 곳을 없애는 게 정답에 가깝지 않을까요?"

"역시! 유메는 재미있는 이야기를 했어. '이노베이션의 딜레마'가 아니라 '매니지먼트의 딜레마'인가. 책으로 내면 인기 있겠는데."

아야노 부장은 갖고 있던 노트를 펼쳐 흥분 상태로 무언가를 적었다.

유메는 풀죽은 목소리로 대꾸했다.

"아뇨. 하나도 재미없어요."

"왜?"

"그렇게 슬픈 일이 어딨어요. 마치 《울어버린 빨간 도깨비》 같아요. 이야기 속에서 파란 도깨비가 빨간 도깨비와 인간의 우정을 위해서 자신을 희생하고 말잖아요. 마미도 모두의 있을 곳을 위해서 자신을 희생한 거예요."

아야노 부장은 유메의 말에 당황했다. 그래서 노트를 접고 유메를 향해 몸을 똑바로 세웠다.

"그, 그렇지. 유메가 말한 대로 매니지먼트는 본질적으로는 슬픈 일인지도 몰라."

"……."

"그렇기에 더더욱 드러커는 진지함이 필요하다고 반복해서 강조한 거라고 생각해. 그런 일은 진지한 사람밖에 할 수 없으니까."

"그렇다면 한 가지 질문이 있는데요."

"뭔데?"

"선생님이 쓰신 《모시도라》에도 나오지만요, 드러커는 진지함을 '배울 수 없는 자질'이라고 했잖아요? 그건 진지함을 타고나지 못한 사람은 매니저를 하면 안 된다는 뜻인가요?"

"어려운 질문이군."

아야노 부장은 한참을 생각하고 나서 대답했다.

"어떤 면에서는 그 말이 맞을지도 몰라. 하지만 정말로 진지함이 있는지 없는지, 실제로는 아무도 판단할 수 없다고 생각해. 예를 들어 유메에게 타고난 진지함이 있는지 아닌지를 판단할 수 있는 사람이 있을까?"

그 질문에 유메는 잠시 생각하더니 이렇게 대답했다.

"아뇨. 없다고 생각해요."

"그렇지? 그렇다면 설령 지금은 진지함이 없어 보이는 사람이라도 그게 안에 숨어 있을 뿐, 언젠가 드러날지도 모르지. 그러니까……."

"?"

"내면에 감춰진 진지함이 있다고 믿고 도전할 수밖에 없는 것 아닐까?"

"그렇겠군요."

"그건 그렇고, 오늘은 네게 부탁이 있어."

"뭔데요?"

"네가 마미의 뒤를 이어 매니지먼트팀의 리더가 되어주었으면 해."

"네엣?"

제8장

유메,
이노베이션의 기회에 집중하다

29

깜짝 놀란 유메에게 아야노 부장은 말을 이었다.
"실은 어제, 마미와 얘길 좀 나눴어."
유메는 더욱 놀랐다.
"그러셨군요!"
"응. 한동안 그냥 지켜보려고도 했는데, 역시 이대로 있으면 안 될 것 같아서 말이지. 마미에게 야구부로 돌아오지 않겠느냐고 물어봤어."
"뭐라고 하던가요?"
"마미가 말하길 '인간에게는 척추가 있다'고 하더군."
"척추요?"

"응. 인간에게는 절대로 굽힐 수 없는 신념 같은 게 있다고. 마미는 그걸 척추라고 표현하던데, 자신한테는 그게 '정의'라고 말이지. 자신이 옳다고 생각하는 일은 절대로 거스를 수 없다고 하더군."

"역시 그렇군요!"

"중학교 때도 그런 일로 육상부를 그만둔 경험이 있다고 얘기하더라."

"그랬어요. 마미는 정말로 고집스러운 면이 있어요."

"그렇지만 생각보다 냉정하더군."

"그래요?"

"응. 마음속으로는 사실 예전부터 생각하고 있었다고 해. 자신이 매니저 일과 맞지 않는다고 말이지."

"네?"

"마미는 마음속에 언제나 '이렇게 해야 한다'는, 자신이 옳다고 생각하는 기준이 있어서 그 기준에서 벗어나는 사람을 도저히 용서할 수가 없대. 그런 마음가짐으로는 고객에게서 출발할 수 없다는 거지."

"……."

"그래도 지금까지는 속이면서 해왔지만, 그날 있었던 일을 계기로 더 이상 참지 못하게 된 것뿐이라고 하더군. 그만둘 기회를 엿보고 있던 참이라고. 어차피 여름 대회가 끝나고 나서 그만둘 생각이었대."

그 말에 유메는 충격을 받았다.

"그런……. 저는 전혀 눈치채지 못했어요."

그때 유메는 순간적으로 깨달았다. 지금까지 자신은 마미가 있을 곳에 대해서는 한 번도 생각해본 적 없다는 사실을! 마미에 대해서는 걱정한 적조차 없었다.

유메는 멍해졌다. 어째서 이런 중요한 일을 깨닫지 못하고 있었는지 심한 자책감에 사로잡혔다.

'나는 마미가 있을 곳에 대해서는 한 번도 생각해본 적이 없어. 그건 마미에게는 당연히 있을 자리가 있다고만 생각했기 때문이야. 마미는 오히려 그걸 마련하는 쪽이고 누군가가 그녀에게 자리를 만들어줄 필요는 없다고 안일하게만 생각했어.'

하지만 마미는 달랐다. 마미는 어느 사이엔가 자신이 매니저 일과 맞지 않는다는 생각에 괴로워하고 있었다. 그리고 아무에게도 털어놓지 못한 채 야구부 안에서 있을 곳을 잃었던 것이다.

유메는 깊은 한숨을 쉬며 머리를 감싸 쥐었다. 지금까지 자신이 해온 일이 전부 무의미하게 느껴졌다. 어처구니없는 허무감이 온몸을 뒤덮었다.

그런 유메를 보더니 아야노 부장이 말했다.

"나, 마미가 어떤 기분인지 잘 알아."

"네?"

"나도 그래서 괴로워한 적이 있으니까."

"그래요?"

"나도 고등학교 시절에 매니저를 했는데 부원들이 조금도 성장하지 않아서 고민했어."

"네에. 그랬군요."

"그때 매니지먼트와 교육은, 실은 반대가 아닐까 하고 생각했지."

"매니지먼트와 교육이, 반대……라고요?"

"응. 매니지먼트는 약점에 착안하지 않고 그것을 조직 속에서 중화하지. 하지만 교육은 약점에 주목해서 그것을 극복시키려고 해. 성장에는 단지 강점을 살리는 것뿐만 아니라 약점을 극복하는 것도 포함되어 있거든. 그래서 매니지먼트와 교육은 애초에 전혀 다른 기능을 하고 있는 걸지도 모르겠다는 생각이 들었던 거야."

"그렇군요!"

"그리고 말이지, 이게 만약 어른들만 모인 영리기업이라면 거기서는 매니지먼트에 집중하고 교육을 하지 않을 수도 있어. 그곳에서라면 콜린스가 말한 것처럼 조직에 맞지 않는 사람을 나가게 해도 좋아."

"네에……."

"하지만 그것을 고교야구부에서 시행하기는 역시 어려워. 마찬가지로 고교야구부에서 교육을 하지 않을 수는 없고 말이야. 약점이 있으면 그것을 극복하게 도와야 하거든. 성장할 수 있도록 이끌어야만 해."

"네."

"그러니까 가령 조직에 맞지 않는다고 해서 그만두게 해서는 안 되는 거지. 절대로 그들을 내쳐서는 안 돼."

"그렇군요."

"나는 고교 시절에 그걸 못해서 힘들었어. 어떻게 하면 모두 성장할 수 있는지를 몰라서 실패하고 말았거든."

"아, 그럼……" 하고 유메가 말했다. "마미도 그 문제로 괴로웠다는 뜻이에요? 마미도 야구부 전원을 성장시킬 수 없었기 때문에 그만둔 건가요?"

"성장시킬 수 없다기보다는 교육을 하고 싶지 않았던 거지. 설령 상대가 잘못하고 있다고 생각해도 그것을 고치라고 말하고 싶지 않았던 거야. 아니, 말할 수 없었지. 피터 드러커가 《매니지먼트》에 이렇게 써놓았으니까."

강점보다도 약점에 시선을 돌리는 사람을 매니저로 임명해서는 안 된다. 할 수 없는 일을 알아차리고도 할 수 있는 일에 주목하

지 않는 사람은 머지않아 조직의 정신력을 저하시킨다. (《매니지먼트》 에센셜판)

"마미는 마지막까지 매니저로 있고 싶었던 게 아닐까? 그러다가 한계를 느끼자 그만두겠다는 결단을 내린 거라고 생각해."

"그런 것 같아요." 유메는 팔짱을 끼고는 잠시 생각에 잠겼다. 그러더니 얼굴을 들고는 말했다.

"그럼, 교육을 하면 된다는 결론이 나면 마미가 야구부로 돌아올까요?"

그러자 아야노 부장은 고개를 갸웃했다.

"그건 모르겠지만 더 이상 매니저는 하지 않으려 할 거야. 사실 나도 마미가 매니저에 맞지 않는 면이 있다고 생각하거든."

"아, 정말이요?"

"응. 이건 《모시도라》에도 나오는 미나미 선배 얘기야. 미나미 선배는 인재를 육성하는 데 무척 뛰어났지. 그 덕분에 나를 포함한 많은 부원들이 성장했거든."

"우와!"

"부원들뿐만 아니라 감독님도 성장하셨을 정도니까."

"그랬군요. 미나미라는 분은 그때 어떤 교육을 하셨나요?"

"응. 그건 좀 역설적이긴 한데, 선배는 교육을 하지 않았어."

"무슨 뜻이에요?"

"그 선배는 절대 사람의 약점에 주목하지 않았거든. 아니, 원래 사람의 약점에 신경 쓰지 않는 성격이었지."

"네. 그렇군요."

"굳이 약점을 언급하지 않고 사람들의 강점에 집중한 거야. 그랬더니 주변 사람들 스스로 자신의 약점이 부끄러워졌고 그래서 성장할 수 있었던 거지."

"네에."

"나도 그렇지만, 마미 역시 아무래도 사람의 약점에 신경이 쓰이는 성격이야. 그런 사람들은 애초에 매니저 일과는 맞지 않을지도 모르지."

"그럴 수 있겠네요. 하지만 주위 사람들은 어째서 미나미 선배님이 약점을 지적하지 않았는데도 스스로 부끄러워졌을까요? 왜 성장하려고 했던 걸까요?"

"그건 아마도, 미나미 선배의 뒷모습을 보고 있었기 때문일 거야."

"뒷모습이요?"

"응. 모두들 미나미 선배가 매니지먼트하고 있는 모습을 보면서 그녀가 마음을 다해 열심히 하고 있다는 걸 알았지.

그래서 자신들도 달라져야 한다고 생각한 거야."
"그런 거였군요."
"그런 의미에서 말하겠는데, 유메!"
"네?"
"내 생각에 너는 매니저에 잘 맞아."
"네? 왜 그렇게 생각하시죠?"
"하나는 방금 말한 대로 다른 사람의 약점을 신경 쓰지 않는 성격이기 때문이지. 그건 억지로 되는 게 아니거든. 자연스럽게 되지 않으면 애초에 매니저를 하기 어려워."
"신경 쓰지 않는다……기보다는, 제가 약점 투성이인 사람이라 남의 약점에 신경 쓸 자격이 없는 것뿐이에요."
"그리고 또 하나! 미나미 선배처럼 열심히 한다는 점!"
"아니에요. 선생님." 유메는 고개를 가로저으며 어쩔 줄 몰라 했다. "그저 단순히 마미를 기쁘게 하고 싶어서 한 거라 결코 칭찬받을 일이 아닌걸요."
"응. 그러니까……" 하고 아야노 부장은 몸을 앞으로 내밀면서 말을 이었다. "마미를 위해서도 힘이 되어주지 않겠어?"
"네? 무슨 말씀이신지……."
"유메가 다시 한 번, 마미가 있을 곳을 만들어줬으면 해."
"네엣?"

"매니지먼트팀의 리더로서 그렇게 해줬으면 좋겠어. 유메가 지금까지처럼 인사 담당도 계속하면서 리더를 겸임해주었으면 해."

결국 유메는 아야노 부장의 부탁을 받아들였다. 그것이 마미를 위한 일이라면 거절할 이유가 없었다.

30

유메는 매니지먼트팀의 리더가 되었다. 그러고는 또다시 '어쩌다 이렇게 되었지?' 하고 혼잣말을 하며 고개를 갸우뚱했다.

애초에 유메는 마미의 권유로 야구부에 들어왔다. 인사 업무도 그녀에게 부탁받은 대로 맡았을 뿐이다. 그런데 무슨 업보인지, 가장 책임이 무거운 리더까지 맡게 되었다. 게다가 이 무렵의 야구부는 부활했을 당시와 비교할 수 없을 정도로 인원이 늘어나 있었다. 그런 조직을 어떻게 매니지먼트하면 좋을지 유메는 전혀 감이 오질 않았다. 지금까지는 혼자 해결하기 어려울 때마다 마미에게 물어보았고 그녀가 제시해주는 방향대로 일을 처리해왔다. 이제는 더 이상 그럴 수도 없다.

유메는 '기업가정신 결여'라는 자신의 문제로 고민하게 되었다. 원래 유메는 새로운 일을 시도하는 데서 가치를 찾고자 하는 욕심이 없었다. 야구부를 리드해서 무언가 새로운 사업을 일으키려는 의욕이 좀처럼 솟아나지 않았던 것이다.

 그렇다면 유메가 할 수 있는 일은 한 가지밖에 없다. 지금까지 하던 일을 지속하는 것이다. 이 방법은 결코 기업가적이라고도 할 수 없고 그다지 칭찬받을 만한 일이 아닐지도 모른다. 하지만 다행히 아야노 선생님이 인사 업무를 계속하라고 했다.

 유메는 다시 한 번 야구부 전원과 면담을 하기로 마음먹었다. 다만 이번에는 마미가 없기 때문에 자신이 직접 이야기를 나눠야 했다. 유메는 불안을 느끼지 않을 수 없었다. 그러나 아무리 고민해봐도 상황은 달라질 여지가 없었다. 체념한 유메는 혼자 면담을 하기로 결정했다.

 유메는 우선 마사요시 감독의 이야기를 듣기로 했다. 감독에게 하야토의 일을 듣고 싶었다.

 "어떻게 해야 하야토가 야구부로 돌아올 거 같으세요, 감독님?"

 유메가 질문을 던지자 마사요시 감독은 팔짱을 끼면서 대답했다.

 "그 녀석은 원래 자신이 잘하는 일이라면 기꺼이 하지만 서툰 일은 하지 않으려는 성격이야."

"그건, 왜일까요?"

"응. 첫째는 자존심이 세기 때문이겠지. 주변 사람들에게 창피한 모습을 보이는 것이 싫은 거야."

"과연 그렇군요."

"응. 실은 전에 그 녀석 중학 시절 감독님에게 이야기를 들었는데 말이지, 예전에는 연습에 자주 빠진 모양이더라고. 특히 체력 강화 훈련 때는 배가 아프다고 말하고 쉬었다는군."

"……."

"그래서 앞으로 이 녀석 때문에 고생 좀 하겠다 싶었지. 어쨌든 가을이 되면 본격적으로 러닝 훈련을 시킬 생각이었으니 말이야. 투수에게는 역시, 다리와 허리를 단련하는 달리기 훈련이 꼭 필요하거든."

"그런 계획이 있으셨군요. 그런데 감독님!"

"응?"

"하야토를 야구부로 다시 데려오기 위한 방법이 뭐 없을까요? 설득할 수 있는 좋은 말이라든가."

"설득이라……. 하지만 달리기를 싫어하는 사람에게 달리라고 설득하는 건 꽤 어려운 일이라서 말이지."

"그런가요?"

"응. 달리기는 원래 싫은 기분으로 하면서도, 동시에 몸과 마음을 단련하게 되는 특성이 있어. 그래서 하기 싫은 일을 기꺼이 할 수 있는 사람이 아니면 좀처럼 계속하기 어려운 훈련이기도 하지."

"그런 거였군요. 아! 그럼 감독님은 달리는 걸 좋아하시는 거죠?"

"응?"

"아, 아니에요."

"뭐, 어쨌든, 그 녀석은 달리기 훈련에는 맞지 않는지도 모르지."

"그런 것 같아요."

"다만……."

"네?"

"설득이라면 전에 '마법의 설득술'이라는 걸 들은 적이 있긴 한데."

"네? 그건 어떤 건데요?"

"응. 가령 솜씨 좋은 목수가 있다고 해보자. 그때 두 사람의 의뢰인이 찾아온 거야. 한 사람은 '돈이라면 얼마든지 낼 테니 집을 지어주십시오' 하고 부탁했어. 또 다른 사람은 '돈은 그만큼 내지 못하지만 이 집을 지을 수 있는 사람은 이 세상에서 당신밖에 없습니다. 그러니 집을 지어주십시오' 하고 말했지."

"그래서요?"

"그랬더니 그 솜씨 좋은 목수는 '이 세상에서 당신밖에 없습니다!'라고 말한 사람의 의뢰를 받아들였다고 해."

"네? 어째서죠?"

"응. 인간이라는 존재는 '당신밖에 없다'는 말을 들으면 그 어떤 말보다 매력을 느낀다고 해. 그래서 그 일에 전념하고 싶은 의욕이 솟아난다고 하더군. 그 반대로 '너를 대신할 사람은 얼마든지 있다'는 말을 들으면 아무리 우수한 사람일지라도 일할 의욕을 잃어버린다고 해."

"그렇군요."

"그러니까 하야토에게 '투수 할 사람은 너밖에 없어!' 하고 말해주면 돌아올지도 모르지."

"아! 그럴지도 모르겠네요."

"하지만 우리는 선발투수 로테이션 제도 확립을 목표로 하고 있으니 이 방법을 사용하는 게 모순일지도 모르겠어."

"그 말씀도 맞네요."

유메는 결국 마사요시 감독에게서는 하야토를 다시 불러들이기 위한 이거다 싶은 아이디어를 얻지 못했다. 그래도 기죽지 않고 더욱 열심히 면담을 계속해나갔다. 이번에는 기획 담당 매니저인 가키타니 요코를 찾아갔다. 뭔가 이노베이션의 기회가 될 만한 게 없을지 물어보고 싶었기 때문이다.
 요코는 유메의 질문에 이렇게 대답했다.
 "실은 최근에 생각하고 있는 게 좀 있어."
 "뭔데, 뭔데?"
 "매니저를 더 늘렸으면 좋겠어."
 "뭐라고?"
 "이를테면 선수 한 명당 전속 매니저를 붙인다거나, 뭐 그런 정도면 좋지 않을까 싶어서 말이야."
 그 말을 듣고 유메는 깜짝 놀랐다.
 "아, 그거, 나도 예전에 생각한 적 있어."
 "정말?"
 "응. 선수를 제대로 보살펴야겠다고 생각하니까 그 정도 인원은 필요하겠더라. 그때는 비현실적인 것 같아서 더 이상 깊이 생각하지 않았지만 말야."
 "확실히 좀 일이 커지는 것 같기는 해. '작게 시작하라'는 말에도 맞지 않고……."
 그렇게 말한 요코에게 유메는 다시 물었다.
 "요코는 어떻게 그런 생각을 하게 된 거야?"
 "응. 몇 년 전 고시엔 대회에서 '오니기리 매니저'가 화제로 떠올랐잖아?"
 "응? 아, 야구부 여자 매니저가 선수를 위해서 오니기리를

2만 개나 만들었던 일이지? 그 왜, 시시한 잡일이니 차별적이니, 게다가 블랙기업 같다는 말까지, 쓴소리깨나 들었던 사람 말야."

"응 맞아. 그래도 나, 차별적이라는 비판은 틀렸다고 생각해."

"왜?"

"오니기리를 만드는 건 대단한 일이잖아. 그 사람이 그 역할을 자신이 있을 곳이라고 느껴 자긍심을 갖고 노력했다면 그건 결코 시시한 잡일이 아니지."

"옳은 말이야!"

"그러니까 문제는 오니기리의 개수가 아닐까 생각했어."

"2만 개라는 거?"

"응. 적은 인원으로 많은 양을 만들었기 때문에 혹사당했다는 인상을 준 걸지도 몰라. 만일 적정한 인원이 함께 만들었다면 그렇게까지 비판받지 않았을 거야."

"그럴지도."

"나, 전부터 생각했어. 가령 선수는 100명 있는데 매니저가 세 명밖에 없다면 균형이 너무 안 맞는 거라고."

"맞아! 우리는 다른 학교에 비해 매니저가 압도적으로 많지만 그래도 부족하다고 느낄 때가 있어."

"바로 그거야!" 하고 요코는 적극적으로 나섰다. "그래서 나, 정말로 선수 한 명 한 명에게 전속 매니저를 붙여주고 싶어. 그렇게 하면 유메가 말한 대로 선수들 모두에게 있을 곳을 만들어주고 신경 써줄 주 있잖아. 그러니까 문제는 그걸 어떻게 작게 시작할까 하는 거지."

"그러네."

그 자리에서는 결국 그 문제에 대한 결론은 내지 못했다. 하지만 유메는 뭔가 큰 실마리를 잡은 듯한 기분이 들었다.

31

유메는 면담을 계속해나갔다. 이번에는 야구 전략 담당 매니저인 기우치 도모아키의 이야기를 들어보았다. 이때 도모아키는 이렇게 말을 꺼냈다.

"면담을 하게 되다니 마침 잘됐어!"

"응?"

"실은 유메에게 부탁하고 싶은 게 하나 있어."

"뭔데?"

이 말을 듣고 유메는, 만사태평한 도모아키가 이런 말을 하다니 별일이다 싶었다. 흥미가 당겨 이어질 말을 기다렸다.

"실은 사주었으면 하는 게 있어서."

"응? 뭘?"

"피칭머신이야."

"피칭머신이라면 우리도 갖고 있지 않아?"

아사가와 고교에는 예전에 야구부가 활동할 때 사용하던 피칭머신이 아직도 남아 있었다. 벌써 30년도 더 전에 구입한 낡은 것이었지만 별로 사용하지 않던 거라 보수 점검을 받았더니 문제없이 움직였다.

하지만 도모아키는 약간 비아냥거리는 듯한 표정으로 이렇게 말했다.

"그런 낡은 거 말고 더 새롭고 좋은 게 있어."

"좋은 거라니?"

"실은 이거야" 하고 도모아키는 준비해온 자료를 꺼내 설명하기 시작했다.

"탑건(TOPGUN)이라는 에어식 피칭머신이야."

"탑건?"

"음. 이 장비는 지금까지의 피칭머신과는 달리 스플리터와 서클체인지업 같은 변화구를 던질 수 있거든."

"음. 그런 볼을 던질 수 있으면 뭐가 다른 건데?"

"질문 잘했어" 하고 도모아키는 이번에는 씩 웃으면서 말했다.

"나, 예전에 마미가 말한 대로 고교야구의 역사를 조사해봤어. 그때 구조 변화를 찾아보라고 했었잖아. 그래야 이노베이션으로 연결 지을 수 있다고."

"응. 나도 그 자리에 있어서 알고 있어."

"아, 그랬지! 어쨌든 최근에 그걸 찾아낸 거야."

"뭐?"

"음, 야구계에서 중대한 구조 변화를 찾아냈어."

"굉장하네! 그게 뭐야 대체?"

"으음, 그건, 실은 고교야구가 아니라 프로야구 이야기인데, 최근에 최우수 방어율의 수치가 낮아지고 있어."

"최우수 방어율?"

"응. 최우수 평균자책점이라고도 해. 2000년 무렵까지는 2점대가 당연시되었지만 2010년쯤부터 1점대로 내려갔거든."

"오호, 그건 왜 그런 거야?"

"응. 조사해보니 상위 투수는 대부분 변화구의 고수였어. 그것도 스플리터나 서클체인지업, 즉 떨어지는 볼을 사용하는 투수들이야."

"그래?"

"그런데 떨어지는 볼에는 특징이 있어."

"어떤 특징인데?"

"종래의 피칭머신은 그런 볼을 던져주지 못했어."

"정말?"

"응. 다시 말해 타자가 그 볼을 미리 연습할 수 없었던 거지."

"그랬군. 그래서 그런 볼을 던지는 투수의 방어율만 낮아졌다는 뜻이군."

"바로 그거야. 그러니까 떨어지는 볼을 던져줄 수 있는 탑건만 있으면 고교야구에 이노베이션을 일으킬 수 있지 않을까 싶어."

"그럼 그게 바로 드러커가 말한 '새로운 지식을 활용하는' 일이 되겠네."

피터 드러커는 이노베이션을 위한 제7의 기회, 즉 마지막 항목으로서 새로운 지식을 활용하라고 강조했다.

발명이나 발견이라는 새로운 지식에 근거한 이노베이션은, 기업가정신의 슈퍼스타다. 금세 유명해진다. 돈이 되기도 한다. 이것이야말로 일반적으로 말하는 이노베이션이다.

하지만 동시에 이렇게도 말하고 있다.

지식에 의한 이노베이션은 그 기본적인 성격, 다시 말해 결실을 맺기까지의 긴 시간, 실패 확률, 불확실성, 그리고 관련된 문제

등이 여느 이노베이션과는 현격히 다르다. 역시 슈퍼스타답게 상황 변화가 커서 매니지먼트하기가 어렵다.

유메는 도모아키에게 이렇게 물었다.
"탑건이라는 피칭머신을 사면 우리도 떨어지는 볼을 칠 수 있게 된다는 뜻이지? 하지만 애초에 고교야구에는 그 정도로 떨어지는 볼을 잘 던지는 투수가 없지 않아? 프로에서도 상위에 속하는 투수들만 던질 수 있는 볼이니까. 그런 볼을 칠 수 있다는 게 무슨 의미가 있는 거야? 그거야말로 드러커가 말한 것처럼, 결실을 맺기까지 시간이 오래 걸리지 않겠어? 고교생이 떨어지는 볼을 당연한 듯이 던질 수 있는 날을 기다려야 하잖아."

그러자 도모아키는 빙긋 웃으며 이렇게 말했다.
"역시 리더야! 잘 아네."
"응?"
"맞아. 그 말대로야. 그래서 나는 피칭머신을 타자를 위해 사용하려는 게 아니야."
"무슨 뜻이야?"
"실은 이노베이션을 위한 제7의 기회인 '새로운 지식'을 활용하려는 게 아니라 제6의 기회인 '인식 변화를 파악하라'는 데서 근거해 생각해낸 아이디어야."

"뭐라고?"

"인식 변화를 파악하라는 장에서 드러커는 이렇게 말했어."

컵에 물이 '절반이 들어 있다'는 것과 '절반이 비어 있다'는 것은 양적으로는 같다. 하지만 의미는 완전히 다르다. 취해야 할 행동도 다르다. '절반이 들어 있다'에서 '절반이 비어 있다'로 세상의 인식이 바뀔 때 이노베이션의 기회가 찾아온다.

도모아키는 말을 계속했다. "다시 말해서 탁건을, 볼을 치기 위해서가 아니라 던지기 위해서 사용한다는 인식 변화를 이용하면 거기서 이노베이션의 기회가 탄생하는 거지."

"어떤 기회?"

도모아키는 씩 웃으며 이렇게 말했다.

"예전에 〈싱글벙글 생방송〉이라는 방송 프로그램에서 전왕전(電王戰)이라는 장기 대국이 중계됐어. 장기 프로 기사가 컴퓨터를 상대로 장기를 두는 거였지."

"아, 알아. 컴퓨터가 이겨서 화제가 되었잖아."

"응. 그때 특히 장기 기사들의 소감이 인상 깊었지."

"그래? 어떤 소감인데?"

"그때 기사들은 이렇게 말했어. '이로써 장기도 진화하는 것이겠지요'라고."

"정말? 어째서지?"

"그 대전에서 컴퓨터가 인간이 생각해낼 수 없는 수를 두었거든. 그래서 이긴 거고. 그러자 그 장면을 본 기사들도 그 수를 연구했대. 그랬더니 그중 몇 수가 인간도 사용할 수 있는 방법이라는 사실을 알게 된 거야. 즉, 인간이 둘 수 있는 장기 기술의 폭이 넓어진 거지."

"그거 정말 흥미롭네. 대전 상대인 컴퓨터를 '적'이 아니라 '성장을 위한 도구'로 사용한 거구나."

"맞아. 이거야말로 틀림없이 인식 변화를 이용한 이노베이션이라고 생각해. 장기계에서는 전왕전을 계기로 이노베이션이 일어난 거지."

"그렇군!"

"그래서 우리도 탑건을 이용해 야구계에 이노베이션을 일으킬 수 있지 않을까 하고 생각한 거야."

32

기대에 부풀어 있는 도모아키에게 유메가 물었다.

"대체 어떤 식으로 하려고?"

"응. 이 탑건은 시속 200킬로미터의 슬라이더나 150킬로미터의 포크볼처럼 인간은 절대 던질 수 없는 볼을 던질 수 있어."

"오호, 그래?"

"즉, 컴퓨터 장기와 마찬가지로 인간은 상상도 하지 못할 볼을 던질 수 있다는 거지."

"역시!"

"우리가 그 볼을 연구해서 사람이 똑같이 던질 수 있게 하면 이노베이션을 일으킬 수 있어. 장기 기사가 컴퓨터와 대전해서 새로운 수를 개발한 것처럼, 탑건과 대전해서 새로운 변화구를 개발하는 그런 프로젝트에 도전해보고 싶어."

"과연 대단해. 재미있겠어."

결국 야구부에서는 즉시 탑건을 구입하기로 했다. 이때 야구부에는 여름 대회에서 8강에 진출하고 난 뒤 상당히 많은 기부금이 모여 있었다. 그 기부금을 자금으로 사용하는 게 가능했다.

예전에 야구부에 소속되어 있던 졸업생 선배들이 보내온 돈이었다. 이들은 약 25년간이나 모교 야구부가 휴부 상태였던 사실에 무척 안타까워하고 있었다. 그래서 뜻하지 않게 야구부가 부활한 데다가 지구 대회에서 8강까지 오르자 너무나도 기뻐했다. 야구부 졸업생들은 그 기쁨을 기부금이라는 형태로 표현했다. 이 또한 야구부로서는 '예상치 못한 성공' 중 하나였다.

유메는 면담을 계속해나갔다. 이번에는 그라운드 정비 담당인 마쓰바 가에데와 이야기를 나누었다. 그리고 그라운드 정비에 관련해 뭔가 이노베이션의 기회가 될 만한 일이 없는지 의견을 물었다.

그러자 가에데는 "이건 이노베이션과는 관계없을지도 모르지만……" 하고 서론을 먼저 끄집어내더니 불만을 한 가지 털어놓았다.

"솔직히 말해서 최근 매너리즘에 빠졌어."

"매너리즘이요?"

"응. 매일 똑같은 일을 반복하다 보니 역시 싫증이 나. 게다가 발전이 없으니 재미도 없고 말이야."

"그렇겠군요."

"왜 요전에 요코가 오니기리 매니저 얘기를 했잖아? 그 일 역시 마냥 만들기만 했다면 금세 질려서 불만이 터져 나왔을 거야."

"흐음" 하고 유메는 팔짱을 끼고는 잠시 생각에 잠겼다. "매너리즘을 방지하려면 어떻게 해야 할까요?"

가에데는 그런 것쯤 식은 죽 먹기라는 표정으로 쉽게 대답했다.

"변화가 있으면 되지."

"변화……요?"

"응. 좀 더 자세히 말하자면 새로운 일이지. 새로운 지식이라고 해도 좋을 거야. 이를테면 그라운드를 정비하는 데 이런 방법도 있다거나, 이런 정보도 있다는 식으로 뭔가 발전할 수 있는 요소가 있으면 좋을 텐데. 그런 요소가 있으면 매너리즘 같은 거 느낄 틈도 없고 말이야."

"그렇겠네요."

"나한테는 꽃을 키우는 일이 그래. 꽃이란 절대 똑같이 자라는 일이 없고 항상 무언가 새로 발견하게 되거든. 깊이가 있는 일이야. 그래서 매너리즘을 느끼지 않고 계속할 수 있어."

"그렇다면 그라운드 정비에서도 뭔가 깊은 매력을 찾아낼 필요가 있다는 말이군요."

그래서 지금은 섭외 담당을 맡고 있는 사쓰키에게 부탁해서 그라운드 정비 분야의 프로에게 학교에서 강연을 해달라고 의뢰했다. 프로의 이야기를 들음으로써 정비대원들이 새로운 지식과 기술을 얻을 수 있을 거라고 믿었다.

사쓰키는 시험 삼아 프로야구 구장에서 정비를 담당하고 있는 회사에 강연 의사를 타진해보았다. 그러자 놀랍게도 흔쾌히 수락해주었다.

이때 유메는 예전에 아야노 부장에게 들은 말을 떠올렸다. "배우는 일은 가르치는 상대방에게도 이득이 된다." 비단 가르침을 받는 사람뿐 아니라 가르치는 사람도 얻는 것이 있다는 뜻이다.

유메는 모처럼 마련한 강연을 정비반에게만 듣게 하기엔 아까워서 선수를 포함한 야구부 전원이 듣도록 했다.

그런데 그 강연에서 뜻하지 않게 선수들에게 무척이나 유용한 이야기를 듣게 되었다. '원래 정비를 하는 가장 큰 목적은 불규칙 바운드를 방지하는 데 있다. 그러니까 선수들도 수비에 들어갈 때 이를 주목적으로 하는 것이 좋다. 프로는 모두 그렇게 하고 있다'는 내용이었다.

그래서 야구부에서는 시합 중에도 선수들이 직접 그라운드를 정비하는 습관을 들여 경기에 임하기로 했다. 그 후, 아사가와고 야구부에서는 시합 중에 선수들이 그라운드를 고르는 모습이 빈번히 눈에 띄었다. 그러자 선수들의 이런 모습이 바람직한 자세라며 상당한 화제가 되어 좋은 평가를 얻었다. 야구부로서는 단순히 자신들을 위해서 한 일이었지만 이때 역시 예상치 못한 성공을 얻은 것이다.

마침 이 무렵, 유메는 섭외 담당인 사쓰키에게 한 가지 제안을 받았다.

"실은 여름 대회가 끝나고 나서부터 다키노미야 고등학교의 야구부 매니저와 친해졌어."

"그래?"

다키노미야고는 올해 여름의 고시엔 대회에도 2년 연속으로 진출한, 도쿄 서부 지역을 대표하는 강호였다. 다키노미야고는 아사가와고와 깊은 인연이 있었다. 작년에 몇 번인가 천공의 그라운드를 사용하기도 했을뿐더러 여름 대회에서는 8강전에서 함께 맞붙었다.

사쓰키는 이 과정에서 다키노미야고 야구부 여자 매니저인 오토베 유키와 여러 번 교류를 하다가 어느 사이엔가 친해졌다. 그리고 유키에게 이런 제안을 받았다고 했다.

"이번에 《매니지먼트》를 가르쳐달라고 하더라."

"뭐?"

"아니, 확실히는 모르지만 그쪽 감독님이 우리에 관해서 자주 말씀하신대. 우리 학교 그라운드가 근사하다는 얘기며 재미있는 야구를 하고 있다고 말이야. 8강전에 올라간 건 아주 굉장하다고 하셨대."

"그래?"

"응. 그래서 유키도 우리에게 관심이 생겼나 봐. 《매니지먼트》와 《이노베이션과 기업가정신》에 관해 더 알고 싶어 해. 유키도 《모시도라》를 읽은 것 같은데 그 책을 어떻게 야구부 활동에 활용하면 좋을지 아직 잘 모르겠나 봐."

"그랬구나."

"그래서 우리가 연습할 때 견학하고 싶다는데, 어때?"

"흐음."

유메는 생각했다.

'이건 분명히 예상치 못한 일이다. 이것을 뭔가 이노베이션의 기회로 만들 수는 없을까?'

그때 피터 드러커가 한 말이 생각났다.

'드러커는, 상대의 말에 귀 기울이고 상대가 무엇을 원하는지 알아야 자신의 뜻을 제대로 전할 수 있다고 했어. 그러니까 다키노미야 고교에 매니지먼트를 전해주기 위해서는 역으로 우리가 잘 들어야 하는 게 아닐까?'

그래서 유메는 사쓰키에게 이렇게 말했다.

"그렇다면 이렇게 부탁해줄래?"

"어떻게?"

"우리 연습을 보고 나면 그다음에 다키노미야 고교의 연습을 견학하게 해달라고 말이야. 그리고 여러 가지 질문을 하고 싶다고 전해줘."

제9장

유메,
'있을 곳'이란 무엇인지를 생각하다

33

두 달이 지난 10월 중순의 수요일, 다키노미야 고등학교 야구부 여자 매니저 오토베 유키가 아사가와 고등학교 야구부를 견학하러 찾아왔다.

이때 유키는 여러 번 놀랐다. 우선 천공의 그라운드 주위가 예전보다 풍성해진 녹음과 갖가지 빛깔의 꽃으로 둘러싸여 멋진 정원이 되어 있다는 데 놀랐다. 게다가 그 정원을 손질하고 있는 그라운드 정비 소속 부원이 여럿이라는 사실에도 놀랐다.

그라운드에서는 선수들이 변함없이 유명 선수의 자세를 흉내 내는 연습을 하고 있었는데 모두 벤치 옆에 설치된 커다란 거울 앞에서 각자 배트를 휘두르고 있었다.

이 낯선 연습 광경에도 놀랐지만 더욱 놀란 것은, 구석의 불펜에서 마사요시 감독과 도모아키가 피칭머신으로 시험 투구를 하는 장면이었다. 다키노미야 고교에도 아직 도입되지 않은 최신식 장비였다. 유키는 '벌써 이런 설비까지 도입한 건가!' 하고 내심 놀랐다.

마지막으로 학교에 돌아와 고문인 아야노 부장을 포함한 매니지먼트팀 회의에 참가했는데, 이때도 놀라지 않을 수 없었다. 열 명이 넘는 매니저들이 여러 가지 중요한 사안을 자주적으로 결정하고 있었기 때문이다. 지도자인 아야노 선생님은 거의 아무 말도 하지 않았다.

회의가 끝난 뒤 이루어진 질의응답에서 유키는 맨 먼저 이렇게 물었다.

"이 야구부에서는 어째서 매니저가 다양한 일을 결정하고 있는 거야? 선생님은 왜 아무 말씀도 하지 않으셔?"

그러자 섭외 담당인 사쓰키가 대답했다.

"우리 야구부의 정의는 매니지먼트를 배우기 위한 조직이야. 거기에는 야구부 민영화가 바탕이 되어 있고 말이지. 그래서 기본적으로 운영은 우리 매니저들이 하고 있어."

"그래도 괜찮은 거야? 아, 미안. 하지만 그렇게 해도 잘 운영되나 싶어서."

그러자 사쓰키가 싱긋 웃으며 말했다.

"아니, 잘되지 않아."

"응?"

"잘되지 않으니까 오히려 좋아."

"무슨 뜻이야?"

"잘되어가지 않으니까 오히려 우리도 거기서 매니지먼트를 배울 수 있는 거지. 잘 돌아간다면 우리가 할 일이 없어질지도 모르잖아."

그러자 유키는 "아하……" 하면서 알 듯 모를 듯한 표정을 지었다.

이틀 뒤인 금요일, 이번에는 아사가와 고교의 매니저 유메와 사쓰키가 다키노미야 고교를 방문했다. 다키노미야 고교는 아사가와 고교에서 그리 멀지 않은 곳에 있었다.

그날 수업을 마친 유메와 사쓰키는 학교 앞 역에서 모노레일을 타고 쭉 남쪽으로 향했다. 다마 구릉지대로 들어가 천공의 그라운드 근처 역을 통과하자 15분 만에 다마센터 역에 도착했다.

그곳에서 버스로 갈아타고 다시 20여 분을 남쪽으로 달렸다. 그러자 언덕 위쪽으로 하얀 벽에 둘러싸인 다키노미야 고교 건물이 보였다. 다키노미야 고교는 불과 몇 년 전에 리

모델링되었기 때문에 50여 년 전에 세워진 아사가와 고교의 낡고 칙칙한 건물과는 달리 새롭고, 희고, 빛이 났다. 게다가 그 바로 옆에 멋진 야구장이 펼쳐져 있었다.

야구장 주변에 화단은 없었지만 야간 경기용 조명과 백 명은 족히 앉을 수 있는 관중석 등, 지방 구장에 못지않은 시설을 갖추고 있었다.

또한 바로 옆에는 야구부 전용 클럽하우스도 있었다. 전부원이 이곳에서 합숙 생활을 하고 있다고 했다. 유메는 '이곳에서 합숙을 하면 이동하기 편해서 좋겠다'는 생각에 부러웠다. 천공의 그라운드는 학교에서 약간 떨어져 있어서 부원들이 이동하기에 꽤 부담이 되었다.

그리고 나서 두 사람은 유키의 안내로 야구부 연습을 견학했다. 유키가 늘 하고 있는 야구 장비 출납과 음료 준비를 돕기도 했다. 이런 일은 지금까지 거의 한 적이 없어서 두 사람은 신선한 느낌이 들었다. 사실 다키노미야 고교에는 애초부터 여자 매니저가 두 사람밖에 없어서 무척 바빴다. 남자 매니저도 있기는 했지만 예전에 선수였던 학생이기 때문에 유니폼을 입고서 그라운드 안에서 선수들의 연습을 돕고 있었다.

연습이 절반을 지날 무렵, 유키는 유메와 사쓰키를 클럽하우스로 불러들였다. 그리고 들어가자마자 나오는 큰 방으로 두 사람을 안내했다.

"조금 있다가 감독님이 두 사람과 이야기를 좀 나누고 싶다고 하시는데 괜찮겠어?"

유메와 사쓰키는 얼굴을 마주보고는 바로 "물론이야!" 하고 대답했다.

다키노미야 고교의 가메쿠라 와타루 감독으로 말하자면, 여름의 고시엔 대회에서 두 번이나 우승한 적이 있는 명장이다. 그런 유명인과 이야기를 나눌 기회란 좀처럼 흔치 않았다. 유메는 갑자기 찾아온 좋은 기회에 가슴이 두근거렸다.

드디어 가메쿠라 감독이 모습을 드러냈다. 하지만 카리스마와는 전혀 거리가 먼 인상이었고 소탈해서 이야기하기 편해 보였다. 긴장하는 두 사람에게 적극적으로 말을 걸었고 때로는 농담을 던져 분위기를 부드럽게 풀어주었다. 그래서 10분도 채 지나지 않아 두 사람도 완전히 마음을 터놓고 편하게 이야기를 나눌 수 있었다.

유메는 문득 생각난 것을 여쭤보았다.

"저어, 제가 질문 하나 드려도 괜찮을까요?"

가메쿠라 감독은 웃으며 "그럼, 뭐든지 물어봐" 하고 답했다.

"감독님은 만약 의지가 약한 선수가 팀에 있다면 어떻게 지도하시겠어요?"

"의지가 약한 선수라면?"

"아, 네. 이를테면 연습을 무단으로 빠지는 선수가 있다면 어떻게 데리고 오시겠어요?"

그러자 가메쿠라 감독은 팔짱을 끼고 약간 고민하는 표정을 지었다.

"으음. 솔직히 우리 팀에는 그런 부원이 없어서 그런 지도는 거의 해본 적이 없는데."

"아, 역시 그렇군요."

"잘 알다시피 우리 학교에 오는 선수들은 모두 고시엔 대회를 목표로 하고 있어. 까다로운 입부 시험도 치러야 하고. 그러니 이 학교에 들어오는 시점에서 그런 학생은 없다고 봐도 좋아."

"그렇겠네요."

"그리고 만약에 그런 학생이 있다고 해도 나는 아마 아무것도 하지 않을걸."

"네? 왜요?"

"연습에 빠지면 가장 손해 보는 사람은 자기 자신이잖아. 그러니 그 학생도 얼마 안 있어 스스로 깨닫지 않을까 싶은데."

"그런 의미로군요."

"요즘 아이들이 이런저런 이유로 기성세대에게 싫은 소리도 많이 듣고 있지만, 난 기본적으로는 모두 좋은 아이들이라고 생각해. 우선은 내가 먼저 아이들을 믿는 것이 중요하거든."

유메는 '가메쿠라 감독님의 생각은 콜린스와 비슷하구나' 하고 생각했다. 다키노미야 고교에는 원래부터 목적의식이 뚜렷한 선수들만 있었고, 또 그런 인재밖에 합류하지 않고 있었다. 그래서 무단결석하는 선수를 다시 데려오는 일로 수고를 할 필요가 없었다.

하지만 가메쿠라 감독 같은 방법으로는 아사가와 고교의 문제를 해결할 수 없었다. 아무 말 없이 기다렸지만 마미도 하야토도 벌써 3개월이나 야구부에 돌아오지 않고 있었다.

유메는 고시엔 대회에서 두 번이나 우승한 가메쿠라 감독에게 물어보면 뭔가 마미와 하야토에게 있을 곳을 만들어줄 수 있는 힌트를 얻을 거라고 기대했다. 하지만 그것은 헛수고로 끝났다.

유메는 자신도 모르게 낮은 소리로 한숨을 쉬었다. 그러자 그 모습을 본 가메쿠라 감독이 이렇게 말했다.

"아, 하지만 이런 방법은 있을지도 모르지."

"네?"

"나는 말이지, 지도자가 되었을 무렵 한 학생에게 배운 것이 있어."

"……네."

"그게 벌써 30년도 더 지난 일이지. 그때는 다른 학교에서 감독을 하고 있었는데 어떤 시합에서 패했어. 그래서 선수들에게 벌로 그라운드를 뛰게 했지."

"네."

"그랬더니 뛰지 않는 선수가 한 사람 있더군."

"네?"

"그래서 '왜 뛰지 않는 거야!' 하고 야단을 쳤더니 그 학생이 이렇게 말하더군. '시합에 진 것은 감독님 책임이기도 해요. 그러니 선수들만 뛰고 감독님은 뛰지 않는 건 이상해요. 감독님이 뛰지 않으면 저도 뛰지 않겠어요' 하고 말이야."

"!"

"난 머리를 한 대 얻어맞은 것 같은 기분이 들었어. 틀림없이 맞는 말이라고 생각했거든. 그래서 그 뒤로는 선수가 뛸 때는 나도 같이 뛰고 있지."

"감독님이 같이 뛰신다고요?"

"응. 그래. 지금 나는 곧 예순 살을 바라보지만 아직도 선수들과 같은 거리를 달리고 있어. 그렇게 하면 선수들도 달리지 않을 수 없거든."

"와, 대단하시네요."

"나는 선수들에게 달리라고 한 적이 없어. 감독이 달리고 있으면 아무 말 하지 않아도 모두 달리게 되니까 말이야."

"그렇군요."

"이것이 선수들의 의지를 끌어올리는 방법일지도 모르지. 그래서 나는 만약 내가 달리지 못하게 된다면 그때가 감독직에서 물러날 때라고 생각하고 있어."

"그렇군요."

그때였다. 유메는 난데없이 마음속에서 톡 하고 작은 돌이 부딪히는 듯한 감각을 느꼈다. 갑자기 어떤 생각이 머리를 스치고 지나갔다. 유메는 저도 모르게 '아!' 하고 소리를 지르며 자리에서 일어났다. 그곳에 있던 모두가 놀라 유메를 쳐다보았다. 옆에 앉아 있는 사쓰키가 유메의 얼굴을 걱정스러운 듯이 바라보면서 물었다.

"왜 그래? 괜찮아?"

하지만 그 질문에 유메는 한동안 대답하지 못했다. 그때 머릿속에 반짝하고 한 가지 아이디어가 떠올랐기 때문이다. 어쩌면 여러 가지 문제를 단 한 번에 해결할 수 있는, 그야말로 기가 막힌 아이디어였다. 유메는 무의식중에 그 생각에 푹 빠졌던 것이다.

34

 다음 날, 유메는 급히 마미에게 면담을 청했다. 만날 장소로는 언제나 야구부가 회의할 때 이용하는 학교 건물 1층 서쪽 끝에 있는 작은 교실을 지정했다.

 마미는, 처음에는 유메와 만나기를 꺼려했다. 하지만 유메가 평소와 달리 강경한 어조로 밀어붙이자 결국은 승낙했다.

 마미와 만난 유메는 첫마디를 이렇게 꺼냈다.

 "네가 할 일을 찾아냈어."

 "내가 할 일? 무슨 일?"

 "야구부 일이야!"

 "야구부?" 그렇게 되묻는 마미는 쓴웃음을 지어 보였다.

 "무슨 소리를 하는 거야? 나는 이미 매니저를 그만뒀거든."

 "응. 알아."

 "그런데 왜?"

 "하지만 그만둔 건 매니저 역할이잖아?"

 "응?"

 "나는 마미에게 매니저를 해달라고 부탁하는 게 아냐. 그 대신 해줬으면 하는 일이 있어."

 "무슨 말이야?"

"응. 이건 요코와 함께 생각한 건데, 앞으로 야구부에는 선수 한 사람마다 전속 매니저가 필요하지 않을까 해서 말이야."

그러자 마미는 갑자기 눈을 빛내며 물었다.

"엉? 뭐야 그건? 흥미로운 얘긴데?"

"그치? 프로 스포츠나 올림픽같이, 선수 한 명 한 명에게 전담 스태프가 붙는 거야. 그렇게 하면 야구부를 한층 더 높은 수준으로 끌어올릴 수 있지 않을까 해서."

"그러네. 역시 요코다워! 그건 대단한 이노베이션이 될지도 모르겠는데."

"응. 다만, 문제는 어떻게 작게 시작하느냐 하는 거야. 처음부터 일을 크게 벌인다면 실패했을 때 수습하기가 힘들겠지?"

"응. 그렇지."

"그래서 감독님과 상의해봤어."

"그래?"

"그랬더니 '우선은 투수에게 트레이너를 붙여보면 어떨까?' 하시더라고. 앞으로 투수에게 하반신을 단련하기 위한 러닝을 시킬 계획인데 그때 전속 트레이너가 있으면 도움이 될뿐더러 연습에도 큰 진전이 있지 않을까 하셨어."

"흐음. 역시!"

"왜 있잖아, 마라톤 선수처럼 트레이너와 함께 뛰게 하는 거지. 혼자 달리는 것은 힘들지만 여럿이 함께 달리면 힘들어도 극복하기 쉽다고 감독님이 그러셨거든."

"그건, 뭐, 그렇긴 하지만."

"그래서 말인데, 그 트레이너 일을 마미에게 부탁하고 싶어."

"뭐라고? 왜 나한테?"

"당연하잖아, 마미는 달리기가 특기니까!"

"뭐?"

"내가 조사한 자료를 보면 이 학교에서 달리기를 가장 잘하는 사람은 마미, 바로 너야."

그러자 마미는 눈썹을 찌푸렸다.

"말도 안 돼."

"아냐. 마미, 나를 누구라고 생각해?"

"응?"

"나는 야구부 인사 담당 매니저인 오카노 유메라고! 이 학교 학생 800명을 조사하라고 한 사람이 바로 마미 너잖아?"

그러자 마미가 이번에는 떨떠름한 표정으로 말했다.

"그렇다고 해도, 난 이미 달리기 그만뒀는걸."

마미는 중학 시절에 육상부 장거리 선수였다. 하지만 감독과 갈등을 빚고 육상부를 그만둔 뒤로는 달리지 않았다.

"그러니 이제 와서 달릴 수는 없어."

"그건 육상부 선수로서는 달릴 수 없다는 뜻이지?"

"뭐?"

"나는 육상부에 들어가라는 말을 하는 게 아니야. 야구부 트레이너로서 투수와 함께 달려주길 부탁하는 거야."

"하지만……" 하며 한층 더 떫은 표정을 짓는 마미에게 유메는 이렇게 부탁했다.

"마미, 이건 너밖에 할 수 없는 일이야."

"뭐라고?"

"이 역할은 야구부를 잘 알고 이노베이션을 이해하는 데다 달리기까지 잘하는, 그런 사람이 아니면 할 수 없는 일이야. 그리고 그런 인재는 이 학교는 물론이고 전 세계를 뒤진다 해도 너 말고는 없다고!"

"……"

그러자 마미는 눈을 내리깔고 한동안 말없이 있었다. 유메는 인내심을 갖고 기다렸다.

하지만 유메는 알 수 있었다. 마미가 반드시 설득당하리라는 것을. 그 일은 마미에게도 새로운 도전임이 분명했다. 마미가 이 매력적인 제안을 뿌리칠 리는 없었다.

마미는 무엇보다도 새로운 일을 좋아했다. 이미 하고 있는 일을 더 잘하기보다도 전혀 새로운 일을 하는 데서 가치를 찾는, 타고난 기업가정신의 소유자였다.

유메의 짐작대로, 이윽고 고개를 든 마미가 말했다.

"알겠어. 내가 졌다."

"뭐?"

"유메가 말한 그 일, 해볼게."

"응!" 하고 유메는 고개를 끄덕였다. "마미라면 그렇게 말해줄 줄 알았어!"

그러자 마미는 언뜻 웃음을 지으며 말했다.

"유메한테는 당할 수가 없어. 고마워."

"뭐라고?"

"유메는 내가 있을 곳을 만들어주려고 한 거지?"

유메는 그 질문에는 아무 대답도 하지 않고 그저 웃고만 있었다. 그러고 나서 벌떡 일어나 마미에게 다가가서는 볼에 입을 맞췄다.

마미는 깜짝 놀라서 저도 모르게 '꺅!' 하고 소리를 질렀다. 그 모습을 보고 유메는 장난기 섞인 웃음을 띠며 말했다.

"언젠가 네가 한 것처럼, 고스란히 돌려주는 거야."

"유메……."

그때였다. 갑자기 문이 벌컥 열리더니 도모아키가 교실로 뛰어 들어왔다.

"아, 유메. 여기 있었네."

두 사람은 당황해서 도모아키를 쳐다보았다.

유메가 물었다.

"도모아키! 갑자기 무슨 일이야? 들어올 거면 노크라도 해야지."

"어? 아, 음. 아니, 아까부터 전화했는데 계속 안 받기에……. 그, 그것보다 큰일 났어. 굉장한 일이 일어났다구!"

"왜? 대체 뭔데 그래?"

"완성됐어. 드디어 해냈어!"

"해냈다니, 뭘 말이야?"

"마구(魔球)야, 마력의 볼."

"마력의 볼?"

"있잖아, 전에 말한 거, 탑건을 사용해 새로운 볼을 개발하겠다는 계획 말이야."

"아, 으응."

"드디어 그 볼을 개발하는 데 성공했어. 마침내 이노베이션 볼 1호가 탄생했어!"

"뭐야?"

이노베이션 볼 1호는 도모아키가 지은 변화구의 이름이다. 다른 말로 하면 '고속 너클'이다.

탑건을 구입한 뒤로, 도모아키는 마사요시 감독과 협력해

피칭머신이 쏘아내는 다양한 변화구를 던지며 시험을 거듭했다. 그러는 중에 현실적으로 투수가 던질 수 있을 것 같은, 그러면서도 타자에게는 가장 치기 어려운 볼이 바로 고속 너클, 즉 회전하지 않은 채 시속 110킬로미터 전후로 날아오다가 타자 앞에서 흔들거리며 떨어지는 볼이라는 사실을 알아냈다.

너클볼은 통상 시속 80킬로미터에서 90킬로미터 정도다. 이 볼은 구질만으로도 치기 어려운데, 여기에 속도마저 붙는다면 더욱더 치기 어려워질 터였다. 피칭머신 탑건은 시속 150킬로미터의 너클볼을 던질 수 있었다. 다만 실제로 현실에서는 그런 볼을 던질 수 없을뿐더러, 또한 그 정도 속도라면 볼이 흔들리거나 떨어지기 전에 포수의 글러브에 잡혀버리기 때문에 변화구라고 할 수도 없다.

그래서 흔들리거나 떨어지면서 속도까지 있는 볼이라면 시속 110킬로미터 정도가 이상적이었다. 실제로 그 볼은 무서워서 타자가 치기 어려웠다.

도모아키는 시험 삼아서 모든 인맥을 동원해, 잘 친다는 타자들에게 치게 해보았다. 하지만 누구도 그 볼을 받아치기는커녕 스치기조차 못했다. 과연 말 그대로 '마구'였다.

도모아키는 이번에는 어떻게 하면 그 볼을 던질 수 있을지를, 마사요시 감독과 함께 여러모로 연구했다. 그러다가 바로 그때, 드디어 마사요시 감독이 그 볼을 던질 수 있게 된 것이다.

"이건, 대단한 발명이야" 하고 도모아키가 말했다. "이 볼을 던질 수 있으면 고교는 물론 프로야구에서도 받아칠 수 있는 선수가 없을 거야."

"하지만……" 하고 유메는 흥분해 있는 도모아키를 불안한 눈으로 바라보면서 물었다. "그건 감독님이 던질 수 있게 된 것뿐이잖아? 우리 투수들이 던지지 못한다면 의미 없는 거 아냐?"

그 말에 도모아키는 씨익 웃으며 대답했다.

"그런 것쯤은 물론 알고 있지."

"그래?"

"감독님이 고안해낸 것은 볼을 던지는 방법이 아니야. 던지는 방법을 훈련할 일정한 틀을 고안한 거야. 틀을 습득하기만 하면, 우리 투수들 누구나 던질 수 있게 될 거야."

"정말?"

"이거야말로 진정한 '사루토비 사스케'라고 할 수 있지. 아니, 전원이 습득한다면 그야말로 야구계는 발칵 뒤집히고 말 거야."

35

 그 이노베이션은 결코 운과 우연에서 탄생한 게 아니었다. 명확한 의도를 가지고 개발된 매니지먼트 운영의 결과였다.

 탑건을 구입한 뒤 마사요시 감독과 도모아키는 머신을 사용해서 여러 가지 변화구를 시험적으로 던져보았다. 그리고 고속으로 흔들리면서 떨어지는 볼이 가장 치기 어렵다는 결론에 이르렀다. 이른바 고속 너클이다.

 또한 그 볼을 던지기 위해서는 직구를 던질 때와 똑같이 팔을 휘두르되 볼이 회전하지 않도록 해야 한다는 사실도 알게 되었다. 그래서 두 사람은 이번에는 볼을 어떻게 쥐어야 하고, 또 어떤 방법으로 던져야 그런 투구를 구사할 수 있을지를 연구했다.

 시험 투구를 시작한 지 51일 째 되던 날 저녁, 마사요시 감독이 처음으로 그 볼을 던지는 데 성공했다. 무수한 투구 방법과 다양한 구종을 시험한 뒤에 얻은 값진 결실이었다.

 다만, 이 볼을 던지기 위해서는 조건이 있었다. 바로 하반신이 안정되어 있어야 한다는 점이다. 또한 손가락 끝의 미묘한 손놀림이 중요했다. 이를테면 블록 빼기 놀이를 할 때의 손목 놀림과 같은 섬세함이 필요하다. 그런 투구 방법으로 던져야 비로소 회전하지 않는 볼을 던질 수 있다.

다만 이때, 하반신이 안정되어 있지 않으면 아무리 볼을 섬세하게 잘 던져도 의미가 없다. 높이 쌓인 블록을 하나씩 뺄 때 토대가 흔들리면 블록 전체가 한꺼번에 무너지기 마련이다.

그래서 고속 너클을 던지려면 하반신이 안정되어야 했다. 특히 고교야구의 지구 예선은 여러 군데의 구장에서 치러진다. 모든 마운드는 저마다 지면의 굳기나 높이 등 특징이 다르다. 그런 다양한 환경에서도 흔들리지 않고 던지려면 반드시 하반신이 단련되어 있어야 했다. 하반신을 강화하려면 달리기 연습이 필요했다. 마사요시 감독은 그때 요구되는 하반신 단련 기준을 이렇게 설명했다.

"예를 들자면 크로스컨트리 선수와 같은 끈기가 필요해. 나는 마침 트레일 러닝을 하고 있어서 그런 힘이 갖춰져 있지만 만일 우리 선수가 그 볼을 던지려고 한다면 꽤 강도 높은 달리기 연습을 해야 할 거야."

도모아키는 마사요시 감독의 말을 유메와 마미에게 전하고 나서 두 사람에게 물었다.

"당장 내일부터 투수들을 달리게 해야 하는데 뭔가 좋은 아이디어가 없을까?"

그 말을 들은 유메와 마미는 무심결에 서로 얼굴을 마주보았다.

야구부에서는 당장 투수 개인 트레이닝 제도가 시작되었다. 이 계획도 작은 데서부터 시작하기 위해 우선은 마미가 하야토의 트레이닝을 지도하는 일부터 실시하기로 했다.

 마미는 일단 제안을 받아들이기는 했지만 계획한 대로 실현될 수 있을지 아직도 의심스러워했다. 하야토를 완전히 믿지 못했기 때문이다. 그도 그럴 것이 하야토는 아직도 연습을 쉬고 있었다. 그러니 이 제도를 제대로 시작할 수 있을지조차 의문이었다.

 하지만 유메는 그런 마미에게 장담했다.

 "괜찮아. 하야토는 꼭 연습에 나올 거야."

 "왜 그렇게 생각해?"

 "하야토는 야구를 무척 좋아하거든."

 "에? 겨우 그거였어?"

 하지만 결과는 역시 유메가 말한 대로였다. 이윽고 하야토는 다시 연습에 나왔다. 그뿐만 아니라 마미와 함께 달리기로 했다. 학교에서 천공의 그라운드까지는 구릉의 골짜기를 빠져나가듯 한 길로 쭉 이어져 있었다.

 마미는 하야토에게 이 길을 달리도록 지도했다. 물론 지시를 내리기만 한 게 아니라 자신도 함께 달렸다. 그러자 하야토는 마미의 뒤를 아무 말 없이 따라 뛰었다. 그 모습에 놀라서 마미는 유메에게 이유를 물었다.

"정말로 유메가 말한 대로였어! 대체 어떤 마법을 건 거야?"

그러자 유메는 이렇게 설명했다.

"원래 하야토에게는 자긍심이 높다는 '척추'가 있어."

"척추! 신념 말이지? 옳다고 생각하는 것을 굽히지 않는 내 고집 같은 건가?"

"응. 그래서 그 신념이 다른 사람의 신념과 부딪히지 않게만 하면 잘해나갈 수 있다는 걸 깨달았거든."

"무슨 말이야?"

"우선 팀에서 유일하게 전속 트레이너가 붙는다는 건 하야토의 자긍심을 자극하는 일이지. 그래서 거기에 마음이 끌린 거야."

"그렇군."

"또 하나, 하야토는 창피당하는 걸 무척 싫어해."

"그것도 자긍심이 높기 때문인 거야?"

"응. 그러니까 모두 함께 달리는 게 싫었던 거야. 거기서 뒤처지기라도 하면 열등감을 얻게 되잖아."

"흐음."

"하지만 개인 연습이라면 비교되지 않으니 창피당할 일도 없고 말이지."

"그렇군. 애초에 달리는 게 싫다기보다는 자존심 상하는 일이 생길까 봐 싫었던 거구나. 하지만……."

"응?"

"지금은 괜찮지만 앞으로는 어떨까? 점점 힘들어질 텐데 그렇게 되면 또다시 연습에 빠지려고 하지 않을까?"

유메는 씩 웃으며 이렇게 말했다.

"그건 걱정 마. 마미가 계속 달리는 한 하야토도 달리지 않을 수 없을 테니까."

"으응?"

마미는 여전히 의아한 심정이었지만 이때도 결과는 유메가 말한 대로 되었다. 하야토는 그 뒤로도 연습에 빠지지 않고 착실히 나왔으며 앞서서 함께 달리는 마미의 뒤를 따라 꾸준히 달렸다. 그러면서 줄곧 그녀의 '등'을 바라보게 되었다.

이제 가을이 지나 겨울이 되고, 다시 또 계절이 바뀌려 하고 있었다. 이 무렵이 되어서까지 하야토는 계속해서 달리고 또 달렸다.

개인 트레이너 제도의 성공에 이어 아사가와 고교에서는 다른 투수들에게도 각각 달리기를 잘하는 학생을 개인 트레이너로 붙여 그들의 하반신을 단련시켰다.

그리고 다시 봄이 찾아왔다. 아사가와 고등학교 야구부가 부활한 지 꼬박 2년이 지났고 1학년이었던 유메와 마미가 드디어 3학년이 되었다.

작년 여름에 8강 진출이라는 성적을 거둔 덕분에 올해에는 더욱 유망한 선수들이 입학해 야구부의 문을 두드렸다. 그중에는 중학 시절 전국 대회에 출전한 경험이 있는 도키타 가즈키라는 선수도 있었다. 매니지먼트팀은 그에게도 곧바로 개인 트레이너를 붙여 하야토나 요타로와 함께 하반신 훈련을 시키기 시작했다.

마사요시 감독은 하반신이 단련된 그들에게, 도모아키와 협력해서 고안해낸 사루토비 사스케 작전의 일환인 이노베이션 볼 1호를 가르쳤다. 그 무렵까지 두 사람의 연구는 한층 더 진화했다. 볼의 회전수가 점점 줄어들어 더욱 날카로운 변화구를 던지는 데 성공했다.

아사가와 고교의 투수진 전원은 이 마력의 볼을 몸에 익혀 나갔다. 그리고 놀랄 만한 성과를 이뤄냈다. 구원투수인 켄과 세이시로까지 포함한 모든 투수가, 똑같은 수준의 이노베이션 볼 1호를 던질 수 있게 된 것이다.

그 성공의 배경에는 단단한 토대가 갖추어져 있었다. 바로 아사가와 고교의 투수가 모두 같은 투구법을 사용한다는 점이다. 투수 전원이 우에하라 고지 투수의 투구 자세를 참고로 하여 만들어진 기본 틀에 따라 볼을 던졌다.

그리고 이노베이션 볼 1호의 투구 방법도 바로 틀에 근거한 형태로 설계되었다. 정해진 틀대로 자세를 몸에 익힌 선수는 누구나 이노베이션 볼 1호를 던질 수 있었다. 이것이 사루토비 사스케 작전의 대단한 힘이었다. 천재가 계속 탄생하는 것이다.

그런 의미에서 마지막까지 이 볼을 던지는 데 가장 애를 먹은 사람은 1학년인 가즈키였다. 그는 중학교 때까지 줄곧 다른 투구 방법을 사용해왔기 때문에 우선 기본자세를 습득하기까지 시간이 걸렸다. 하지만 타고난 운동신경이 뛰어나 한 달이 지나자 금세 따라했고 여름 예선 대회가 시작될 무렵에는 이노베이션 볼 1호도 선배들과 비교해 손색이 없을 정도의 수준에서 안정적으로 던질 수 있게 되었다.

아사가와고 야구부는 마침내 파괴적인 이노베이션을 달성해냈다. 어떤 타자도 절대 칠 수 없는 마력의 볼을 개발하는 데 성공했고 투수 누구나 던질 수 있게 되었다.

마치 만화와도 같았다. 아니, 만화에서는 대개 한 사람의 천재 투수가 마력의 볼을 던질 뿐이니 아사가와 고교의 경우는 그 이상이라고 할 수 있었다. 어쨌든 팀의 모든 투수가 그 볼을 던질 수 있게 된 것이다.

그렇다면 대전할 만한 상대가 있을 리 없었다. 그래서 여름 대회가 시작될 즈음에는 부원 모두 고시엔 대회 진출을 의식하고 있었다. 특히 이노베이션 볼 1호의 파괴력을 아는 투수진은 대회 진출을 거의 확신했다.

이제 아사가와 고교에 남은 과제는 타격이었다. 아사가와 고교의 타격진에는 이류 투수의 공은 쳐낼 수 있지만 일류 투수의 공에는 고전을 한다는 약점이 있었다.

새로운 틀로 짜인 기본자세 연습에 성공한 덕에 웬만한 볼은 놓치지 않게 되었지만, 일류 투수가 던지는 강속구나 날카로운 변화구에는 실력이 달려 좀처럼 대응하지 못했다.

그런 연유로 호투수를 확보하고 있는 학교와의 시합에서는 고전이 예상되었다. 가령 다키노미야 고교의 에이스로 전국 대회에서도 이름을 떨친 우라시마 고타로 선수를 타격으로 무너뜨리려는 목표는 좀처럼 달성하기 어려워 보였다. 그래서 야구부 매니지먼트팀은 반드시 고시엔 대회에 진출할 거라는 확신은 하지 못했다. 그래도 출전할 가능성이 높다는 사실은 분명하며, 이 무렵에는 어떻게든 이 소망을 이루어내야 한다는 사명감이 가슴속에서 우러났다.

드디어 여름 지구 예선이 열리기 전날 저녁, 야구부에서는 연습이 끝난 그라운드에서 니카이 마사요시 감독이 이번 대회에 출전할 선수 명단을 발표하고 등번호를 수여했다.

해는 이미 기울었지만 주변을 물들인 보랏빛 저녁노을에, 희비가 엇갈린 선수들의 표정이 고스란히 드러났다. 그 광경을 보면서 유메는 갑자기 몸이 흔들리는 것을 느꼈다. 처음에는 지진이 일어났나 싶어 주위를 둘러보았지만 그건 아니었다. 어쩌면 열사병으로 현기증이 난 건가 하고 생각했지만 결코 현기증도 아니었다. 다만 자신의 양팔이 조금씩 흔들리고 있었다.

유메는 깜짝 놀랐다. 팔이 왜 흔들리는 건지 처음에는 알아차리지 못했다. 그러나 이윽고, 흥분으로 긴장되어 몸이 떨리는 것이라는 사실을 알아챘다. 예전에 어떤 책에서 그런 현상에 대해 읽은 적이 있었다. 유메는 생각했다.

'긴장해서 마음이 떨리면 정말로 몸도 떨리는구나.'

더불어 자신이 이 대회에 강한 애착을 품고 있다는 사실도 새삼스럽게 깨달았다.

36

드디어 유메를 비롯한 3학년생들에게는 마지막이 될 여름 서부 지역 도쿄 대회가 시작되었다. 이 대회에서도 아사가와 고교는 2차전부터 경기를 치르게 되었다. 첫 경기에 선발로 나선 투수는 아사가와 고교의 에이스, 마키 요타로였다. 이 경기에서 요타로는 멋진 투구를 선보였다. 상대를 산발 2안타로 막아내 무실점을 기록했다.

한편 타선도 1점씩 꾸준히 점수를 쌓아 결국 7 대 0을 기록, 7회 콜드게임으로 이겼다.

다음 3차전에서 선발로 나선 1학년 도키타 가즈키는 5안타를 허용했지만 7이닝을 무실점으로 제압했다. 그 뒤를 이어 등판한 켄과 세이시로도 1이닝씩 깔끔하게 막아내 결국에는 4 대 0으로 승리를 거뒀다.

이어진 4차전, 이번에는 마미와 함께 혹독한 훈련을 거친 이치조 하야토가 만반의 준비를 하고 선발로 등판했다. 이때 하야토는 압권의 투구력을 선보였다. 타자 열다섯 명을 완벽하게 제압했던 것이다. 상대 투수에게 연타를 뽑아낸 아사가와 고교는 15 대 0의 스코어로, 5회 콜드게임 승을 거뒀다.

이때부터 아사가와 고교 주변은 술렁거리기 시작했다. 무엇보다 구원투수를 포함한 다섯 명의 투수가 누구나 할 것 없이 한 점도 내주지 않은 데다 눈이 번쩍 뜨일 만큼 실력도 뛰어났기 때문이다.

그들은 각각 투구횟수를 상회하는 삼진을 잡아냈으며, 단 한 번도 포볼을 내주지 않았다. 다섯 명의 투수 앞에서 상대 타선은 어떻게 손쓸 엄두조차 내지 못했다.

다음에 열린 5차전에서는, 이미 모든 투수들이 한 차례씩 번갈아 등판한 뒤라 다시 요타로가 선발로 나섰다. 이 경기에서 요타로는 한층 더 놀라운 투구를 펼쳤다. 무려 9회를 혼자 던져 단 한 개의 안타도 허용하지 않았던 것이다. 노히

트노런이었다.

타선은 경기 중반까지도 상대의 호투수에게서 안타를 뽑아내지 못했지만 8회와 9회에 각각 1점씩 획득해 2 대 0으로 승리했다.

이제 아사가와 고교는 태풍의 눈으로 떠올라 세간의 주목을 받게 되었다. 그들에게는 놀라운 점이 몇 가지 있었다. 우선 팀 평균자책점이 아직까지 0점인 것도 눈에 띄었지만, 특히 그 뛰어난 성적을 선발투수 세 명이 로테이션으로 이루어냈다는 사실도 대서특필할 만한 가치가 있었다. 덕분에 어느 시합에서든 선발투수는 충분한 휴식을 취한 뒤에 가벼운 몸 상태로 던질 수 있었다.

이런 경기 운영은 한마디로 말해 파괴적이었다. 아사가와 고교는 일단 투수진이 점수를 내주지 않기 때문에, 설령 공격 타선이 점수를 내지 못한다 해도 경기 진행이 전혀 불안하지 않았다.

근소한 점수 차이가 난 시합이라도 투수진이 거의 점수를 내주지 않아 전부 완승이라고 부를 수 있을 정도였다. 아니, 시합이라고 하기가 민망할 정도였다. 경쟁조차 되지 않았다. 아사가와 고교는 경쟁을 하지 않고도 수월하게 승리를 손에 넣을 수 있었다.

바로 이노베이션 볼 1호가 있었기 때문이다. 투수는 그 파괴적인 변화구로 언제든지 손쉽게 스트라이크를 뺏을 수 있었다. 흔들리며 떨어지는 시속 110킬로의 볼을, 상대 타자는 받아치기는커녕 스치지도 못했다. 개중에는 눈으로 쫓거나 배트를 휘두르지 못하는 사람도 있을 정도였다. 프로야구에서도 칠 수 있을까 말까 한 신기한 마구를 고교생이 칠 수 있을 리 없었다. 게다가 그 신비한 볼을 아사가와 고교의 모든 투수가 던지고 있었다. 그것은 틀림없이 '사루토비 사스케'였다. 천재가 계속해서 탄생하는 조직이다. 이래서는 상대 팀이 도저히 당해낼 수가 없었다. 그 광경을 눈으로 확인한 유메는, 직접 계획하고 목표로 해왔으면서도 새삼 이노베이션의 위력에 놀랄 수밖에 없었다.

예전에 유메가 마미에게 처음 이노베이션에 관해 들었을 때, 그것은 '경쟁을 하지 않는 것'이라고 배웠다. 당시는 그 말의 의미를 잘 알지 못했다. 이제야 비로소 그 뜻을 확실히 알게 되었다. 아사가와 고교 투수진은 상대 타선과 다른 차원에서 싸우고 있었다. 승부를 겨룬다는 말조차 어울리지 않았다. 그래서 거의 힘들이지 않고 수월하게 상대 팀을 물리칠 수 있었다.

아사가와 고교는 작년에 이어 8강전에 진출했다.

준준결승이 열리는 날이 되었다. 시합은 오후부터였기 때문에, 이른 아침은 아니었지만 유메는 작년과 마찬가지로 집합 장소인 정문 앞에 가장 먼저 와서 마이크로버스를 기다리고 있었다. 그러자 그날은 선발로 등판할 예정도 아닌 하야토가 일찌감치 와서 유메에게 "안녕하세요!" 하고 인사를 건넸다.

유메는 문득 일 년 전의 일을 떠올렸다. 일 년 전의 준준결승날 아침, 선발 예정이던 하야토는 갑자기 배가 아프다고 했다. 유메에게 그 말을 전해들은 마미가 불같이 화를 내는 바람에 큰 사건으로 번졌다.

지금 돌아보면 그때의 경험이 아사가와 고교에 혁신을 불러왔다. 그 경험을 밑거름으로, 하야토를 비롯한 많은 부원이 성장을 이루었다.

유메는 다시금 하야토를 찬찬히 쳐다보았다. 그러자 하야토는 유메의 시선을 눈치채고 부끄러운 듯 살짝 웃었다. 하야토도 작년의 일을 떠올리고 있었던 것이다.

하지만 그날의 선발투수는 하야토가 아니었기에 배가 아프다고 말할 걱정은 조금도 없었다.

시합에서 선발로 나선 가즈키는 이번에도 5회까지 0점으로 막아냈고, 6회와 7회는 켄이, 그리고 8회와 9회는 세이시로가 등판해 모두 무실점으로 끝냈다. 결국 3 대 0으로 완봉승을 거두었다.

하야토는 다음 경기인 준결승전에서 선발로 나섰다. 하야토는 이 경기에서도 5회를 완벽하게 제압했고 아사가와 고교는 또다시 10 대 0의 스코어를 기록하며 5회 콜드게임으로 승리를 거머쥐었다.

하야토가 선발로 나서면 계속 스트라이크를 던지기 때문에 내야수와 외야수들도 안정된 수비를 하게 된다. 또한 타격에 나설 때도 그 기세를 몰아 대량 득점으로 이어지고는 했다.

아사가와 고교는 마침내 결승전에 올랐다. 실로 44년 만의 쾌거였다.

이날의 결승전 상대는 제1시드의 가장 강력한 우승 후보이자 최근 2년 연속으로 고시엔 대회에 진출한, 바로 그 다키노미야 고교였다. 이들은 전국에 이름을 떨치고 있는 호투수, 우라시마 고타로를 에이스로 내세우고 있었다.

우라시마 투수는 지금까지 네 경기에 선발로 등판해 평균자책점 1점대를 기록 중이었다. 특히 준결승에서 완봉승을 이끌어내고 한창 상승세를 타고 있었다.

한편 아사가와 고교의 에이스인 요타로 선수도 지금까지 두 경기를 무실점으로 막아내 평균자책점은 우라시마 투수를 웃도는 0점이었다. 그래서 이 경기는 투수전이 예상되었다. 역시나 결과는 예상대로였다. 9회까지 양 팀의 스코어보드에 나란히 0점이 표시되어 있었다.

결국 연장전으로 돌입했는데 이때 아사가와 고교는 선발 요타로를 불러들이고 구원투수인 켄으로 교체했다. 한편 다키노미야 고교는 우라시마 투수가 계속 던졌다. 그러나 15회까지 두 팀 모두 점수를 내지 못했고 결국은 동점으로 끝나 재시합을 치르게 되었다.

다음 날, 재시합이 열렸다. 이 시합에서 아사가와 고교의 선발투수는 로테이션 순서대로 가즈키였다.

한편, 다키노미야 고교는 어제에 이어 역시 우라시마 투수가 선발로 나섰다. 그런데 이 경기에서 아무도 예상하지 못했던 결과가 기다리고 있었다. 무려 15회까지 끌고 가서도 양 팀이 득점을 내지 못해 또다시 재시합을 하게 된 것이다.

이 시합에서 아사가와 고교는 10회부터 세이시로가 구원투수로 나왔지만 다키노미야 고교의 우라시마 투수는 끝까지 혼자서 던졌다.

그리하여 서부 지역 도쿄 대회의 결승은 전대미문의 세 번째 재대결로 돌입했다. 이 경기에서 다키노미야 고교는 준결승부터 4연투로 나서고 있는 우라시마 투수가 선발한 데 비해 아사가와 고교는 충분히 휴식을 취하고 난 하야토가 선발로 등판했다. 하야토는 지금까지 평균자책점 0점대라고 할 만큼 단 한 명의 타자도 출루시키지 않았다. 문자 그대로 퍼펙트한 투구력을 펼쳐 보였다.

이 시합에서 아사가와 고교는 드디어 이노베이션의 진정한 파괴력을 전국에 보여주었다. 결국 피로가 누적되어 투구력이 약해진 우라시마 투수를 붙잡았고, 5회 투아웃에서 주장인 구니에다 소스케가 만루 홈런을 날려 4점을 빼앗았다. 아사가와 고교는 드디어 우라시마 투수를 마운드에서 끌어내렸고, 그 뒤를 이은 구원투수에게도 연타를 퍼부어 9회까지 9점을 얻어냈다.

 한편 나흘 만에 선발로 나선 하야토는 안정된 투구를 펼치며 결국 9회까지 한 사람도 1루로 내보내지 않았다. 이어진 9회 말, 9점을 앞서고 있는 아사가와 고교의 하야토 투수는 지금까지와 변함없이 침착한 투구로 처음 두 선수를 손쉽게 물리쳤다. 그리고 마지막 타자도 깔끔하게 삼구 삼진으로 잡았다. 마침내 아사가와 고교는 실로 44년 만에 세 번째로 여름 고시엔 대회에 출전하게 되었다.

 승리의 순간, 관중석에서 경기를 지켜보고 있던 유메는 약간 기분이 묘했다. 오랫동안 바라던 목표가 달성되었는데도 왠지 기쁘지 않았다. 그보다 오히려 담담했고 안도감이 강하게 밀려왔다.

 시합이 시작되기 전부터 아사가와 고교의 승리를 확신하고 있었기 때문이기도 했다. 정말로 이노베이션이 이루어졌을 때, 그 승리는 결코 극적인 것이 아니다. 이노베이션에는 경쟁자가 없기 때문이다. 상대를 파괴적으로 눌러버리기 때문에 북받쳐 올라오는 기쁨은 좀처럼 느끼기 어려웠다.

하지만 그런 감동을 기대하고 있던 유메는 약간 실망했다. 그리고 기업가라는 존재의 비애를 다시금 실감했다. 그때였다. 갑자기 옆에서 신음소리 같은 게 들려왔다.

돌아다보자 옆에 앉아 있던 마미가 울고 있었다. 울음소리를 꾹꾹 누르며 오열하고 있었다.

유메는 깜짝 놀랐다. 마미가 우는 모습을 본 것은 이때가 처음이었다. 순간 말을 걸려고 했지만, 이내 생각을 바꾸고는 그대로 모르는 척 내버려두었다.

유메는 이때, 예전에 아야노 선생님에게 들었던 말을 떠올렸다.

"제자가 승리하는 것은 내가 승리하는 것과는 비교할 수 없을 정도로 기쁘다."

'마미는 분명 그 기쁨을 느끼고 있는 거야.'

그렇게 생각하자 유메도 결국은, 아주 조금이기는 하지만 기쁨이 울컥 치밀어 올랐다. 마미가 흘리는 눈물은 그녀가 있을 곳을 찾았다는 분명한 증거였다.

에필로그

그로부터 일주일 뒤, 아사가와 고등학교 야구부는 고시엔 대회 개회식에 참가했다. 오른쪽 관람석의 바깥쪽에 있는, 담쟁이덩굴로 뒤덮인 외벽 아래쪽 입구에서 다른 출전 학교 선수들과 함께 입장하기 위해 순서를 기다렸다. 유메와 마미는 바로 그 옆에서 선수들을 바라보고 있었다. 그때 텔레비전 방송국 촬영팀이 다가와 대회 입장 직전의 선수들을 취재하기 시작했다.

여성 인터뷰 진행자는 아사가와 고교의 주장인 구니에다 소스케를 인터뷰했다. 소스케에게 이것저것 질문을 던지던 진행자는 마지막으로 이렇게 물었다.

"고시엔 대회에서는 어떤 야구를 하고 싶나요?"

인터뷰 장면을 보고 있던 유메는 소스케가 뭐라고 대답할지 흥미를 갖고 지켜보았다.

그냥 무난한 대답을 할까, 아니면 매니지먼트를 배우기 위한 조직이라는 야구부의 정의를 말할까. 그것도 아니면 선발 투수 로테이션 제도나 이노베이션 볼 1호로 대표되는 이노베이션에 대해 이야기할까.

소스케가 이 질문에 대답하려는 찰나였다. 갑자기 뒤에서 누군가 유메의 어깨를 톡톡 쳤다.

'아, 뭐야. 중요한 순간인데!' 유메는 마음속으로 혀를 차며 뒤를 돌아보았다. 처음 보는 여자였다.

"저……."

"네?"

"아사가와 고교 학생이죠?"

"네. 그런데요."

"잘됐네요! 고시엔 대회에 출전한다고 해서 놀라서 미국에서 달려왔어요. 지금 막 도착했는데요, 혹시 아야노 씨는 어디에 있나요? 아! 마사요시 씨가 있는 곳을 알려줘도 좋아요."

"네? 아, 예. 아야노 선생님하고 마사요시 감독님 말씀이군요. 그런데 실례지만 누구세요?"

그러자 여자는 활짝 웃으며 말했다.

"그 말투, 아야노 씨와 똑같네요! 제 이름은 가와시마 미나미예요. 그렇게 말하면 두 사람이 알 거예요."

'가와시마 미나미?' 하고 유메는 고개를 갸우뚱했다. 어디선가 들은 적이 있었다. 하지만 어디서 들었는지 바로 떠오르지가 않았다. 목구멍에서 막 나오려고 하면서도 왠지 좀처럼 튀어나오질 않았다.

그래서 조바심이 나던 참이었다. 그때 또다시 누군가가 뒤에서 급하게 어깨를 두드렸다. 놀라서 뒤돌아보니 야구 전략 담당 매니저인 기우치 도모아키가 서 있었다.

"유메! 야, 야단났어!"

"갑자기 무슨 일이야? 아, 근데 마침 잘됐다. 지금 아야노 선생님과 마사요시 감독님한테 손님이 찾아왔어. 안내해줄래?"

그러자 도모아키는 안색을 바꾸며 말했다.

"그, 그것보다 감독님이 일을 치셨어!"

"일을 치시다니?"

"해냈어. 해내셨다고!"

"뭘 말야?"

"이노베이션 볼 2호!"

"정말이야?"

후기

 내 첫 작품인 《만약 고교야구 여자 매니저가 피터 드러커를 읽는다면: 매니지먼트 편》(이하 《모시도라》)은 2009년이 저물어갈 무렵에 세상에 나왔다. 그리고 이 책의 속편을 쓰지 않겠느냐는 의뢰를, 그로부터 얼마 되지 않은 2010년 초부터 받았다. 하지만 그때는 거절했다. 《모시도라》는 그때까지의 축적을 전부 쏟아 넣은 책이었기에 당시는 머릿속이 텅 비어서 아이디어가 전혀 떠오르질 않았다. 별달리 새로운 이야기가 생각나지 않았다. 《모시도라》의 등장인물이 그 후 어떻게 될지도 전혀 상상이 되질 않았다.

 하지만 그로부터 몇 년이 흘러 그사이에 실용서를 쓰기도 하고 강연도 하고, 또는 유튜브에서 영상을 만들기도 하는 동안에 차츰차츰 아이디어가 쌓였다. 드디어 내 안에서 이야기의 축이 될 만한 기본 틀이 자리 잡았다. 그와 동시에 등장인물들의 뒷이야기도 어렴풋하게나마 이미지로 그려졌다.

이제 쓸 수 있을 것 같다는 생각이 들기 시작했다. 그게 지금부터 약 2년 전인, 2014년 초였다. 처음 속편 의뢰를 받은 뒤 4년이 흘러 있었다.

그래서 《모시도라》의 속편을 쓰기로 했다. 주제는 '경쟁 사회'다. 특히 '있을 곳'이라는 키워드에 초점을 맞췄다. 내용을 어떻게 구성할지 생각해보기로 했고, 그 실마리로 '이노베이션'과 '교육'을 이용하기로 결정했다.

모두 《모시도라》 이후 내 안에 서서히 떠오르던 주제였다. 2010년 무렵부터, 아니 훨씬 전부터 우리 사회의 경쟁은 점점 더 치열해졌다. 그래서 2013년에 그에 관해 고찰한 책 《맛없는 라면 가게는 어디로 사라졌나?》도 펴냈다.

하지만 그 이후에도 경쟁 사회는 더욱 급속히 진행되어갔다. 그러면서 자신이 있을 곳을 잃어버리는 사람들도 늘어났다. 그래서 '경쟁 사회에서 사람들의 있을 곳'에 관해 조금 더 파헤쳐보고 싶은 생각이 들었다.

이 주제는 피터 드러커의 《매니지먼트》와도 연결되어 있었다. 드러커는 경쟁 사회가 격심해질 것을 예측하고 《매니지먼트》를 썼다. 특히 이노베이션의 필요성을 강조한 것은 수많은 사람이 경쟁에서 밀려나 있을 곳을 잃어버릴 거라고 예견했기 때문이다.

 그래서 경쟁에 의해 있을 곳을 잃은 등장인물이 피터 드러커의 책을 발판으로 자신이 있을 곳을 재발견해 앞으로 나아간다는 이야기가 현대인에게 꼭 필요하다는 확신이 들었다.

 이렇게 쓰기 시작했지만, 그때부터가 힘든 여정이었다. 이야기는 제자리에서 맴돌 뿐 앞으로 나아가질 못했으며 좌절하고 실패하기를 반복했다. 조금도 심화시키지 못하고 정체해 있기도 했으며, 도리어 출발점으로 되돌아오기도 했다.

 그런 시행착오를 겪는 동안 마음의 평정을 유지하기가 참으로 힘들었다. 이야기라는 것은 터널을 뚫는 일과 비슷하다. 다 뚫을 때까지 출구가 보이지 않는다. 엉뚱한 방향으로 잘못 파서 출구에서 멀어지는 일마저 생긴다. 그래도 좌절하지 않고 꾸준히 파나가야 한다.

 출구가 보이지 않는 캄캄한 날이 계속되었고, 결국 일 년 반 만에 겨우 출구에 도달했다. 하지만 다 쓰고 보니 맥 빠질 정도로 시시했다. 조금 전까지 어둠 속에서 번민했다는 사실조차 거짓말인 것처럼 확 시야가 열렸다.

 이곳에 다다르기까지 많은 분의 도움을 받았다.

 우선 IT 기업 도완고와 야간비행('저자와 독자를 직접 이어주는 프로젝트'를 모토로 발행되고 있는 메일 매거진-옮긴이)에서 배포되고 있는 〈허클베리를 만나러 가다〉라는 메일 매거진 독자 여러분. 그들이 내 글을 꾸준히 정기적으로 읽어주어서 얼마나 든든한 마음의 버팀목이 되었는지 모른다. 그들에게서 용기를 얻을 수 있었기에 좌절하지 않고 끝까지 써낼 수 있었다.

그리고 주식회사 요시다마사키 사무소와 주식회사 겐지야마로의 직원 여러분. 그들은 나와 함께 일하는 동료이며 가족이다. 어떤 때에도 변함없이 지지해주었다. 그 도움이 없었다면 역시 책을 끝까지 쓰지 못했을 것이다.

그리고 다이아몬드 사 여러분. 그중에서도 이마이즈미 겐지 씨, 나카지마 히데키 씨, 이노우에 조쿠 씨, 이치가와 유진 씨. 그들은 내가 속편을 쓸 수 있게 줄곧 독려해주었다. 완성을 믿고 기다려주었다. 되풀이되는 마감 연장 요청에도 응해주었으며 정말로 많은 도움을 주었다.

또한 피터 드러커의 번역자인 우에다 아쓰오 선생님을 비롯한 드러커 학회 여러분. 우에다 선생님이나 그들과의 만남이 없었다면 나는 이 속편을 쓸 생각을 하지 못했을 것이다.

또한 전작과 마찬가지로 이 책의 제작에 힘써주신 분들. 교정을 맡아준 야마나카 사치코 씨, 캐릭터 디자인을 해준 유키 우사기 씨, 책 표지 배경을 담당해준 주식회사 밤부의 다케다 유스케 씨와 마시키 다카마사 씨, 장정을 맡아준 시게하라 다카시 씨. 그들 덕분에 전작에 필적하는, 아니 그 이상의 책을 만들 수 있었다.

　마지막으로《모시도라》및 이 책의 독자 여러분. 여러분 덕분에 이 책을 낼 수 있었다. 이 행복을 지금, 다시 한 번 절실히 느끼고 있다. 이 책이 조금이라도 독자 여러분에게 도움이 되고, 혹은 재미있게 다가간다면 이야말로 더없는 기쁨이다.

　끝으로 이 책을 쓰기 위한 취재에 흔쾌히 응해준 도쿄 도립 히노 고등학교, 니혼 다이가쿠 다이산 고등학교, 에히메 현립 마쓰야마히가시 고등학교, 한신 엔게이 주식회사, 교와기켄 주식회사, 미즈노 주식회사 여러분에게 다시금 감사의 말씀을 올린다. 감사할 것이 너무나 많다.

이와사키 나쓰미

참고문헌

《이노베이션과 기업가정신》, 피터 F. 드러커 저, 우에다 아쓰오(上田惇生) 역, 다이아몬드 사.
《이노베이션과 기업가정신(에센셜판)》, 피터 F. 드러커 저, 우에다 아쓰오 편역, 다이아몬드 사.
《매니지먼트(에센셜판)-기본과 원칙》, 피터 F. 드러커 저, 우에다 아쓰오 편역, 다이아몬드 사.
《프로페셔널의 조건》, 피터 F. 드러커 저, 우에다 아쓰오 편역, 다이아몬드 사.
《천재가 계속 탄생하는 조직》, 사이토 다카시(斉藤孝) 저, 신초샤(新潮社).
《비저너리 컴퍼니 2-비약의 법칙》, 짐 콜린스 저, 야마오카 요이치(山岡洋一) 역, 닛케이BP.
《사람을 움직이다》, 데일 카네기 저, 야마구치 히로시(山口博) 역, 소겐샤(創元社).
《톰 소여의 모험》, 마크 트웨인 저, 시바타 모토유키(紫田元幸) 역, 신초샤.
《울어버린 빨간 도깨비》, 하마다 히로스케(浜田廣介) 저, 가지야마 도시오(梶山俊夫) 일러스트, 가이세이샤(偕成社).

취재 협력

도쿄 도립 히노 고등학교 • 니혼 다이가쿠 다이산 고등학교 • 에히메 현립 마쓰야마히가시 고등학교 • 한신 엔게이 주식회사 • 교와 기켄 주식회사 • 미즈노 주식회사

만약 고교야구 여자 매니저가
피터 드러커를 읽는다면

이노베이션과 기업가정신 편

1판 1쇄 인쇄 2016년 9월 18일 | 1판 1쇄 발행 2016년 9월 30일

지은이 이와사키 나쓰미 | **옮긴이** 김윤경
발행인 김재호 | **출판편집인 · 출판국장** 박태서 | **출판팀장** 이기숙

기획 · 편집 정홍재 | **디자인** 이슬기
마케팅 이정훈 · 정택구 · 박수진
펴낸곳 동아일보사 | **등록** 1968.11.9(1-75) | **주소** 서울시 서대문구 충정로 29 (03737)
마케팅 02-361-1030~3 | **팩스** 02-361-0979 | **편집** 02-361-1035
홈페이지 http://books.donga.com | **인쇄** 중앙문화인쇄

저작권 ⓒ 2016 이와사키 나쓰미
편집저작권 ⓒ 2016 동아일보사

- 이 책은 저작권법에 의해 보호받는 저작물입니다.
- 저자와 동아일보사의 서면 허락 없이 내용의 일부를 인용하거나 발췌하는 것을 금합니다.
- 제본, 인쇄가 잘못되거나 파손된 책은 구입하신 곳에서 교환해드립니다.

ISBN 979-11-87194-22-4 03320 | **값** 13,000원

이 도서의 국립중앙도서관 출판예정도서목록(CIP)은 서지정보유통지원시스템
홈페이지(http://seoji.nl.go.kr)와 국가자료공동목록시스템(http://www.nl.go.kr/kolisnet)에서
이용하실 수 있습니다.(CIP제어번호: CIP2016021962)